Livre d'archana en Français

Mata Amritanandamayi Center
San Ramon, Californie, États-Unis

Livre d'archana

Publié par :
Mata Amritanandamayi Center, P.O. Box 613, San Ramon
CA 94583-0613, États-Unis

Archana Book – French

En France :
Ferme du Plessis, 28190 Pontgouin www.ammafrance.org

En Inde : www.amritapuri.org inform@amritapuri.org

त्यागेनैके अमृतत्वमानशुः

tyāgenaike amṛtatvamānaśuḥ

C'est par le renoncement seul que l'on obtient l'immortalité.

Kaivalya Upaniṣad

Table des matières

6

Mānasa Puja

Instructions d'Amma pour adorer notre divinité d'élection pendant la méditation

Asseyez-vous dans une posture confortable et essayez de ressentir une paix intérieure profonde. Respirez lentement, profondément et consciemment pendant 2 ou 3 minutes. Les yeux fermés, entonnez trois fois la syllabe Aum. Imaginez que le son Aum monte du nombril jusqu'au sahasrara (le *chakra* du sommet de la tête); imaginez aussi que les tendances négatives et les mauvaises pensées que vous pourriez avoir sortent de vous. Puis en priant « Amma, Amma » avec dévotion, amour, et en versant des larmes de désir, imaginez la Divine Mère devant vous, souriant et vous regardant avec compassion. Pendant une minute savourez la beauté exquise de la

Mère divine, visualisant chaque partie de sa forme divine. Prosternez-vous aux pieds de lotus de la Mère divine, sentez le contact de votre front sur ses pieds sacrés. Priez ainsi : « O Mère, je prends refuge en Toi. Tu es la seule Vérité et le seul support durable pour moi. Toi seule peux me donner la paix et la joie véritables. Ne m'abandonne jamais, ne me quitte jamais ! »

Visualisez ensuite la forme resplendissante de Dévi à l'intérieur de vos paumes. Des rayons de compassion émanant des yeux de Dévi vous enveloppent. Passez les paumes sur votre visage puis sur tout le reste de votre corps, de haut en bas, sentez que vous êtes imprégné d'une énergie divine et ayez le sentiment que tous les malheurs, tout ce qui est défavorable est écarté.

Pendant toute cette adoration, répétez constamment avec les lèvres, mais sans faire aucun son « Amma, Amma, Amma, ne me quitte pas, ne m'abandonne pas. »

Imaginez maintenant que vous donnez le bain à la Mère divine. En versant de l'eau sur la tête de Mère, regardez l'eau s'écouler sur chaque partie de son corps, jusqu'aux pieds. Puis faites des ablutions avec du lait, du ghee, du miel, de la pâte de santal, de l'eau de rose. A chaque offrande, appréciez la beauté de Sa forme. Imaginez qu'à travers ce rituel, c'est votre propre mental purifié que vous offrez à la Mère divine.

Puis, faites des ablutions avec de la cendre sacrée *(vibhuti)* . Observez comment elle arrive lentement jusqu'aux pieds de Mère. Puis faites l'offrande d'une pluie de fleurs sur la tête de Mère. Prenez une belle serviette et essuyez Son visage et Son corps. Parez-La d'un magnifique sari, comme si Elle était votre enfant. Priez : « O Mère, je T'en prie, viens dans mon cœur. Je ne peux suivre le droit chemin que si Tu demeures dans mon cœur. »

Parfumez Dévi. Parez-La de bijoux : boucles d'oreilles, collier, ceinture, bracelets de cheville, et autres ornements. Appliquez du *kumkum* (safran) sur Son front. Posez une couronne ornée de joyaux sur Sa tête et mettez-Lui une guirlande. Regardez avec bonheur la beauté incomparable de Mère en La contemplant de la tête aux pieds, puis des pieds à la tête. Comme un enfant, parlez à Mère de toutes sortes de choses. Priez : « O Mère, Tu es Amour pur. Je suis trop impur pour mériter Ta Grâce. Je sais que mon égoïsme est repoussant. Malgré cela, supporte-moi. Mère, je T'en prie sois avec moi. Tu es la rivière la plus pure. Je suis une mare d'eau stagnante, sale et boueuse. Coule à travers moi et purifie moi, en fermant les yeux sur mes faiblesses et en pardonnant mes fautes. »

Avec de la pâte de santal, écrivez OM sur les pieds de Mère. Offrez des fleurs à trois reprises. Maintenant, après avoir récité le 'Dhyana sloka' en vous intériorisant, commencez à réciter le Sahasranamavali, en commençant par *Om sri matre namah* (si vous récitez en groupe, répondez à chaque mantra par *Om Parashaktyai namah*). En récitant chaque Nom, imaginez que vous cueillez une fleur de votre cœur et offrez mentalement cette fleur aux pieds de Mère. (La fleur représente votre propre cœur, pur.) Après avoir récité les mille Noms restez quelques minutes assis en silence, imaginant que les vibrations divines se répandent dans tout votre être.Offrez ensuite de vos propres mains du pudding sucré à Mère en imaginant qu'Elle le savoure. La véritable offrande de nourriture (*naivedya*) est votre pur amour pour Mère. Si vous savez chanter, faites-Lui l'offrande d'une chanson et imaginez qu'en l'entendant, Mère danse. Dansez avec Elle. Soudain, au milieu de la danse, Elle vous quitte en courant. Suivez-La jusqu'à ce que vous L'attrapiez. Dites-Lui en pleurant : « O Mère, pourquoi m'abandonnes-Tu ? Pourquoi permets-Tu que je périsse dans cette forêt du *samsara* ? Je brûle dans le feu des désirs du monde. Viens, élève-moi et sauve-moi. » Mère arrête alors de courir et vous appelle en vous ouvrant les bras. Courez vers Elle et étreignez-La. Asseyez-vous sur Ses genoux. Prenez toute liberté avec Elle, comme un enfant avec sa mère. Caressez son corps et Ses pieds de lotus, tressez Ses cheveux etc. Demandez à Mère de ne plus jamais vous taquiner ainsi. Confiez Lui tous vos chagrins et vos peurs. Dites à Mère que vous ne Lui permettrez plus jamais de vous quitter. Priez : « O Mère, je m'offre à Tes pieds de lotus. Fais de moi un instrument idéal de Ta volonté. Je ne désire rien de ce monde. Mon seul désir est de contempler Ta forme divine et d'être en Ta compagnie. Donne-moi des yeux qui ne voient rien d'autre que Ta beauté. Donne-moi un mental qui ne se délecte que de Toi. Que Ta volonté soit ma volonté, que Tes pensées soient mes pensées, Tes paroles mes paroles. Quoi que je fasse, même manger et dormir, que toutes mes actions n'aient qu'un seul but : celui de me fondre en Toi. Rends-moi aussi pleine d'abnégation et d'amour que Toi. » En parlant et en priant ainsi constamment, fixez votre esprit sur la forme de la Mère divine.

Décrivez des cercles avec du camphre enflammé devant Mère qui vous regarde en souriant, les yeux débordant de compassion. Imaginez que vous Lui offrez vos bonnes et vos mauvaises qualités, que vous Lui faites don de votre être entier.

Faites *pradakshina* (rituel qui consiste à faire trois fois le tour de la divinité) et prosternez-vous aux pieds de Mère en priant dans votre cœur : « O Mère de l'univers, Tu es mon seul refuge. Je m'abandonne à Toi. »

Psalmodiez les mantras de paix : *asatoma sadgamaya*, *lokah samastah sukhino bhavantu* et *purnamada purnamidam*. Visualisez Mère, le cœur rempli de paix et de contentement, prosternez-vous devant Elle et devant l'endroit où vous étiez assis. Terminez ainsi la puja. Si possible, méditez encore quelque temps sur Sa forme.

Om paix, paix, paix !

Mātā Amṛtānandamayi Aṣṭottara Śata Nāmāvali

Les cent huit noms de Mata Amritanandamayi

Dhyāna Śloka

dhyāyāmo dhavalāvaguṇṭhanavatīṁ
tejomayīm naiṣṭhikīṁ
snigdhāpāṅga vilokinīm bhagavatīṁ
mandasmita śrī mukhīṁ
vātsalyāmṛta varṣiṇīm sumadhuraṁ
saṅkīrttanālāpinīṁ
śyāmāṅgīṁ madhu sikta sūktīṁ

amṛtānandātmikāmīśvarīṁ

Nous méditons sur (Mata Amritanandamayi), vêtue de blanc immaculé, resplendissante, à jamais établie dans la Vérité, dont les regards bienveillants rayonnent d'un amour qui lie tous les cœurs, dont le visage divin est illuminé d'un sourire doux et gracieux, qui répand constamment sur tous les êtres le nectar de l'affection, qui chante la gloire de Dieu avec une grande douceur, dont le teint brillant a la couleur des nuages de pluie, dont les paroles sont enrobées de miel, qui est l'Incarnation de la Béatitude Immortelle et qui est la Déesse suprême Elle-même.

1. **Oṁ pūrṇa brahma svarūpiṇyai namaḥ**
Salutations à la manifestation complète de la Vérité absolue (Brahman).

2. **Oṁ saccidānanda mūrtaye namaḥ**
Salutations à Toi, Etre, Connaissance et Béatitude incarnées.

3. **Oṁ ātmā rāmāgragaṇyāyai namaḥ**
Salutations à Toi, suprême parmi ceux qui sont établis dans le Soi

4. **Oṁ yoga līnāntarātmane namaḥ**
Salutations à Toi dont l'être intérieur s'est fondu en Brahman.

5. **Oṁ antar mukha svabhāvāyai namaḥ**
Salutations à Toi qui par nature est tournée vers l'intérieur

6. **Oṁ turya tuṅga sthalījjuṣe namaḥ**
Salutations à Toi, établie dans l'état de conscience qui transcende tout, appelé *turya*.

7. **Oṁ prabhā maṇḍala vītāyai namaḥ**
Salutations à Toi, nimbée de Lumière divine.

8. **Oṁ durāsada mahaujase namaḥ**
Salutations à Toi dont la grandeur est insurpassable.

9. **Oṁ tyakta dig vastu kālādi sarvāvacceda rāśaye namaḥ**
Salutations à Toi qui as transcendé les limitations que constituent l'espace, la matière et le temps.

10. **Oṁ sajātīya vijātīya svīya bheda nirākṛte namaḥ**
Salutations à Toi qui as transcendé toutes les différences.

11. **Oṁ vāṇī buddhi vimṛgyāyai namaḥ**
Salutations à Toi que la parole et l'intellect sont incapables de saisir.

12. **Oṁ śaśvad avyakta vartmane namaḥ**
Salutations à Toi dont la voie reste éternellement indéfinie.

13. **Oṁ nāma rūpādi śūnyāyai namaḥ**
Salutations à Toi qui n'as ni nom ni forme.

14. **Oṁ śūnya kalpa vibhūtaye namaḥ**
Salutations à toi pour qui les pouvoirs yogiques n'ont aucune importance.

15. Oṁ ṣaḍaiśvarya samudrāyai namaḥ

Salutations à Toi qui possèdes les signes propices des six qualités divines : l'opulence, la vaillance, la gloire, le caractère propice, la connaissance et le détachement.

16. Oṁ dūrī kṛta ṣaḍ ūrmaye namaḥ

Salutations à Toi qui n'es soumise à aucune des modifications de la vie : la naissance, l'existence, la croissance, l'évolution, la dégénérescence et la destruction.

17. Oṁ nitya prabuddha saṁśuddha nirmuktātma prabhāmuce namaḥ

Salutations à Toi qui rayonnes de la lumière du Soi, éternelle, consciente, pure et libre.

18. Oṁ kāruṇyākula cittāyai namaḥ

Salutations à Toi dont le cœur est plein de compassion.

19. Oṁ tyakta yoga suṣuptaye namaḥ

Salutations à Toi qui as renoncé au sommeil yogique.

20. Oṁ kerala kṣmāvatīrṇāyai namaḥ
Salutations à Toi qui T'es incarnée dans le Kérala.

21. Oṁ mānuṣa strī vapurbhṛte namaḥ
Salutations à Toi qui as pris un corps féminin.

22. Oṁ dharmiṣṭha suguṇānanda damayantī svayaṁ bhuve namaḥ
Salutations à Toi, qui de Ta propre volonté T'es incarnée comme la fille des vertueux Sugunananda et Damayanti.

23. Oṁ mātā pitṛ cirācīrṇa puṇya pūra phalātmane namaḥ
Salutations à Toi, dont ils ont pu être les parents grâce à toutes les actions vertueuses qu'ils avaient accomplies au cours de nombreuses vies.

24. Oṁ niśśabda jananī garbha nirgamādbhuta karmaṇe namaḥ
Salutations à Toi, qui accomplis le miracle de rester silencieuse lorsque Tu sortis du ventre de Ta mère.

25. Oṁ kālī śrī kṛṣṇa saṅkāśa komala śyāmala tviṣe namaḥ

Salutations à Toi dont le beau teint sombre évoque Kali et Krishna.

26. Oṁ cira naṣṭa punar labdha bhārgava kṣetra sampade namaḥ
Salutations à Toi, la richesse du Kérala, perdue pendant longtemps et maintenant retrouvée.

27. Oṁ mṛta prāya bhṛgu kṣetra punar uddhita tejase namaḥ
Salutations à Toi, la vie du Kérala, qui se mourait presque et qui est maintenant ressuscitée.

28. Oṁ sauśīlyādi guṇākṛṣṭa jaṅgama sthāvarālaye namaḥ
Salutations à Toi qui attires toute la création par tes nobles qualités, et tes actions bénéfiques.

29. Oṁ manuṣya mṛga pakṣyādi sarvasaṁsevitāṅghraye namaḥ
Salutations à Toi dont les pieds sont adorés par les humains, les animaux, les oiseaux et tous les autres êtres.

30. Oṁ naisargika dayā tīrtha snāna klinnāntar' ātmane namaḥ
Salutations à Toi dont le Soi est toujours plongé dans la rivière de la miséricorde.

31. Oṁ daridra janatā hasta samarpita nijāndhase namaḥ
Salutations à Toi qui offris Ta propre nourriture aux pauvres.

32. Oṁ anya vaktra pra bhuktānna pūrita svīya kukṣaye namaḥ
Salutations à Toi qui es rassasiée quand les autres ont leur repas.

33. Oṁ samprāpta sarva bhūtātma svātma sattānubhūtaye namaḥ
Salutations à Toi, qui es consciente que Ton être et celui de tous les êtres ne font qu'un.

34. Oṁ aśikṣita svayam svānta sphurat kṛṣṇa vibhūtaye namaḥ
Salutations à Toi en qui se manifestèrent spontanément les qualités divines de Krishna.

35. Oṁ acchinna madhurodāra kṛṣṇa līlānusandhaye namaḥ
Salutations à Toi qui méditais constamment sur les jeux si doux de l'enfant Krishna.

36. Oṁ nandātmaja mukhāloka nityotkaṇṭhita cetase namaḥ
Salutations à Toi qui aspirais intensément à voir le visage du fils de Nanda (Krishna).

37. Oṁ govinda viprayogādhi dāva dagdhāntarātmane namaḥ
Salutations à Toi dont l'esprit se consumait dans le feu de la douleur d'être séparée de Govinda (Krishna).

38. Oṁ viyoga śoka sammūrcchā muhur patita varṣmaṇe namaḥ
Salutations à Toi que la douleur d'être séparée de Krishna rendait souvent inconsciente.

39. Oṁ sārameyādi vihita śuśrūṣā labdha buddhaye namaḥ
Salutations à Toi qui reprenais conscience grâce aux soins prodigués par les chiens et autres animaux.

40. Oṁ prema bhakti balākṛṣṭa prādur bhāvita śārṅgiṇe namaḥ
Salutations à Toi, dont la suprême dévotion amena Krishna à se manifester.

41. Oṁ kṛṣṇa loka mahāhlāda dhvasta śokāntar'ātmane namaḥ
Salutations à Toi, dont l'esprit fut délivré de sa souffrance par l'immense joie de la vision de Krishna.

42. Oṁ kāñcī candraka manjīra vaṁśī śobhi svabhū dṛśe namaḥ

Salutations à Toi qui eus la vision de la forme rayonnante de Krishna, paré de ceintures, de bracelets de chevilles, d'une plume de paon et tenant la flûte.

43. **Oṁ sārvatrika hṛṣīkeśa sānnidhya laharī spṛśe namaḥ**
Salutations à Toi qui sentis la présence universelle de Rishikesh (maître de tous les sens, Krishna).

44. **Oṁ susmera tan mukhāloka vi smerotphulla dṛṣṭaye namaḥ**
Salutations à Toi, dont les yeux s'écarquillèrent de joie en contemplant le visage souriant de Krishna.

45. **Oṁ tat kānti yamunā sparśa hṛṣṭa romāṅga yaṣṭaye namaḥ**
Tes cheveux se dressèrent sur Ta tête quand Tu touchas la rivière de sa beauté, salutations à Toi.

46. **Oṁ apratīkṣita saṁprāpta devī rūpopalabdhaye namaḥ**
Salutations à Toi qui eus une vision inattendue de la Mère divine.

47. **Oṁ pāṇī padma svapadvīṇā śobhamān'āṁbikādṛśe namaḥ**
Salutations à Toi qui eus la vision de la Mère divine tenant la *vina*.

48. Oṁ devī sadyas tirodhāna tāpa vyathita cetase namaḥ
Salutations à Toi dont le cœur brûla après la disparition soudaine de la Mère divine.

49. Oṁ dīna rodana nir ghoṣa dīrṇa dikkarṇa vartmane namaḥ
Salutations à Toi dont la douleur déchirait les oreilles aux quatre points cardinaux.

50. Oṁ tyaktānna pāna nidrādi sarva daihika dharmaṇe namaḥ
Salutations à Toi qui renonças à toute activité physique telle que manger, boire, dormir.

51. Oṁ kurarādi samānīta bhakṣya poṣita varṣmaṇe namaḥ
Salutations à Toi dont le corps fut nourri par les offrandes des animaux.

52. Oṁ vīṇā niṣyanti saṅgīta lālita śruti nālaye namaḥ
Salutations à Toi dont les oreilles furent charmées par les douces mélodies émanant de la *vina* de la Mère divine.

53. Oṁ apāra paramānanda laharī magna cetase namaḥ

Salutations à Toi dont l'esprit était plongé dans la béatitude enivrante, infinie et suprême.

54. Oṁ caṇḍikā bhīkarākāra darśanālabdha śarmaṇe namaḥ
Salutations à Toi dont l'esprit fut rempli de paix par la vision de la forme terrible de la Mère divine Chandika.

55. Oṁ śānta rūpāmṛtajharī pāraṇā nirvṛtātmane namaḥ
Salutations à Toi qui fus submergée par l'extase en buvant le nectar de la Mère divine sous son aspect plein de béatitude.

56. Oṁ śāradā smārakāśeṣa svabhāva guṇa saṁpade namaḥ
Salutations à Toi dont la nature et les qualités nous rappellent Sarada Dévi.

57. Oṁ prati bimbita cāndreya śāradobhaya mūrtaye namaḥ
Salutations à Toi en qui se reflètent les formes de Sri Sarada Dévi et de Sri Ramakrishna.

58. Oṁ tannāṭakābhinayana nitya raṅgayitātmane namaḥ
Salutations à Toi en qui nous pouvons voir se rejouer le jeu de ces deux êtres.

59. Oṁ candreya śārada keli kallolita sudhābdhaye namaḥ
Salutations à Toi, l'océan d'ambroisie dans lequel surgissent les vagues des différents jeux de ces deux êtres.

60. Oṁ uttejita bhṛgu kṣetra daiva caitanya raṁhase namaḥ
Salutations à Toi qui as augmenté le potentiel divin du Kérala.

61. Oṁ bhūyaḥ pratyavaruddhārṣa divya saṁskāra rāśaye namaḥ
Salutations à Toi qui as établi les valeurs divines et éternelles énoncées par les *rishis* (sages des temps védiques).

62. Oṁ aprākṛtāt bhūtānanda kalyāṇa guṇa sindhave namaḥ
Salutations à Toi, océan de qualités divines naturelles, merveilleuses et infinies.

63. Oṁ aiśvarya vīrya kīrti śrī jñāna vairāgya veśmaṇe namaḥ
Salutations à Toi, incarnation de la souveraineté, de la vaillance, de la gloire, de ce qui est propice, de la connaissance et du détachement (six caractéristiques d'une personnalité divine).

64. Oṁ upātta bāla gopāla veṣa bhūṣā vibhūtaye namaḥ
Salutations à Toi qui as pris la forme et les qualités de l'enfant Krishna.

65. **Oṁ smera snigdha kaṭākṣāyai namaḥ**
Salutations à Toi dont les regards sont doux et pleins d'amour.

66. **Oṁ svairādyuṣita vedaye namaḥ**
Salutations à Toi qui comme par jeu diriges des programmes sur l'estrade.

67. **Oṁ piñcha kuṇḍala mañjīra vaṁśikā kiṅkiṇī bhṛte namaḥ**
Salutations à Toi qui as porté tous les ornements de Krishna, la plume de paon, les boucles d'oreilles, les bracelets de cheville.

68. **Oṁ bhakta lokākhilā bhīṣṭa pūraṇa prīṇanecchave namaḥ**
Salutations à Toi qui aimes plaire aux dévots en exauçant leurs désirs.

69. **Oṁ pīṭhārūḍha mahādevī bhāva bhāsvara mūrtaye namaḥ**
Salutations à Toi qui, manifestant la Mère divine, assise sur le *pitham*, rayonnes de Sa splendeur.

70. **Oṁ bhūṣan'āmbara veṣa śrī dīpya mānāṁga yaṣṭaye namaḥ**
Salutations à Toi dont le corps entier brille, paré de bijoux et d'un sari magnifique (comme la Mère divine).

71. Oṁ suprasanna mukhāmbhoja varābhayada pāṇaye namaḥ
Salutations à Toi dont le visage lumineux a la beauté du lotus et qui fais de la main le geste de la bénédiction.

72. Oṁ kirīṭa raśanākarṇa pūra svarṇa paṭī bhṛte namaḥ
Salutations à Toi qui, comme la Mère divine, portes des bijoux en or et une couronne.

73. Oṁ jihva līḍha mahā rogi bībhatsa vraṇita tvace namaḥ
Salutations à Toi qui lèches de Ta langue les plaies suppurantes de gens frappés de terribles maladies.

74. Oṁ tvag roga dhvaṁsa niṣṇāta gaurāṅgāpara mūrtaye namaḥ
Salutations à Toi qui, comme Sri Chaitanya, es experte dans la guérison des maladies de peau.

75. Oṁ steya himsā surāpānā dyaśeṣādharma vidviṣe namaḥ
Salutations à Toi qui désapprouves avec force les actes contraires au dharma tels que voler, nuire aux autres et consommer des drogues.

76. Oṁ tyāga vairagya maitryādi sarva sadvāsanā puṣe namaḥ
Salutations à Toi qui encourages le fait de cultiver de nobles qualités telles que le renoncement, le détachement, l'amour désintéressé

77. Oṁ pādāśrita manorūḍha dussaṁskāra rahomuṣe namaḥ
Salutations à Toi qui ôtes les mauvaises tendances du cœur de ceux qui ont pris refuge en Toi.

78. Oṁ prema bhakti sudhāsikta sādhu citta guhājjuṣe namaḥ
Salutations à Toi qui demeures dans la grotte du cœur des êtres pieux, imprégnés du nectar de la dévotion.

79. Oṁ sudhāmaṇi mahā nāmne namaḥ
Salutations à Toi, qui portes le grand nom de Suddhamani (pur joyau).

80. Oṁ subhāṣita sudhā muce namaḥ
Salutations à Toi dont les paroles sont aussi douces que l'ambroisie.

81. Oṁ amṛtānanda mayyākhyā janakarṇa puṭa spṛśe namaḥ
Salutations à Toi, dont le nom Amritanandamayi résonne dans le monde entier.

82. Oṁ dṛpta datta viraktāyai namaḥ
Salutations à Toi, indifférente aux offrandes des gens vaniteux et tournés vers les plaisirs du monde.

83. Oṁ namrārpita bhubhukṣave namaḥ
Salutations à Toi qui acceptes la nourriture offerte par les dévots avec humilité.

84. Oṁ utsṛṣṭa bhogi saṁgāyai namaḥ
Salutations à Toi, qui ne goûtes pas la compagnie de ceux qui ne recherchent que les plaisirs.

85. Oṁ yogi saṁga riraṁsave namaḥ
Salutations à Toi qui chéris la compagnie des yogis.

86. Oṁ abhinandita dānādi śubha karmā bhivṛddhaye namaḥ
Salutations à Toi qui encourages les bonnes actions telles que la charité.

87. Oṁ abhivandita niśśeṣa sthira jaṁgama sṛṣṭaye namaḥ
Salutations à Toi que les êtres animés et inanimés de ce monde adorent.

88. Oṁ protsāhita brahma vidyā sampradāya pravṛttaye namaḥ

Salutations à Toi qui encourages l'étude de Brahmavidya (la science de l'Absolu) dans le cadre de la transmission de guru à disciple.

89. Oṁ punar'āsādita śreṣṭha tapovipina vṛttaye namaḥ

Salutations à Toi qui as remis en vigueur la noble manière de vivre des sages qui habitaient les forêts.

90. Oṁ bhūyo gurukulā vāsa śikṣaṇotsuka medhase namaḥ

Salutations à Toi qui souhaites ardemment rétablir le mode d'éducation qui existait dans les gurukulas.

91. Oṁ aneka naiṣṭhika brahmacāri nirmātṛ vedhase namaḥ

Salutations à Toi, Mère spirituelle de nombreux *brahmacharis* à la longue vie.

92. Oṁ śiṣya saṁkrāmita svīya projvalat brahma varcase namaḥ

Salutations à Toi qui as transmis Ton éclat divin à Tes disciples.

93. Oṁ antevāsi janāśeṣa ceṣṭā pātita dṛṣṭaye namaḥ

Salutations à Toi qui surveilles toutes les actions des disciples.

94. Oṁ mohāndha kāra sañcāri lokā nugrāhi rociṣe namaḥ

Salutations à Toi qui es enchantée de bénir le monde, comme une lumière céleste qui vient dissiper les ténèbres.

95. Oṁ tamaḥ kliṣṭa mano vṛṣṭa svaprakāśa śubhāśiṣe namaḥ
Salutations à Toi qui répands la lumière de Tes bénédictions dans le cœur de ceux qui souffrent dans les ténèbres de l'ignorance.

96. Oṁ bhakta śuddhānṭa raṁgastha bhadra dīpa śikhā tviṣe namaḥ
Salutations à Toi, la flamme brillante de la lampe allumée dans le cœur des dévots.

97. Oṁ saprīthi bhukta bhaktaughanyarpita sneha sarpiṣe namaḥ
Salutations à Toi qui aimes le ghee offert par les dévots.

98. Oṁ śiṣya varya sabhā madhya dhyāna yoga vidhitsave namaḥ
Salutations à Toi qui aimes T'asseoir en méditation avec les dévots.

99. Oṁ śaśvalloka hitācāra magna dehendriyāsave namaḥ
Salutations à Toi dont le corps et les sens agissent constamment pour le bien des êtres.

100. Oṁ nija puṇya pradānānya pāpādāna cikīrṣave namaḥ
Salutations à Toi qui es heureuse d'échanger Tes mérites contre les péchés d'autrui.

101. Oṁ para svaryāpana svīya naraka prāpti lipsave namaḥ
Salutations à Toi qui es heureuse d'échanger le ciel contre l'enfer pour soulager autrui.

102. Oṁ rathotsava calat kanyā kumārī martya mūrtaye namaḥ
Salutations à Toi, incarnation de la déesse *kanya kumari*, telle qu'elle est représentée lors de la fête des chars.

103. Oṁ vimo hārṇava nirmagna bhṛgu kṣetrojjihīrṣave namaḥ
Salutations à Toi qui désires ardemment élever le Kérala, plongé dans l'ignorance.

104. Oṁ punassantā nita dvaipāyana satkula tantave namaḥ
Salutations à Toi qui as prolongé la lignée du grand sage Véda Vyasa.

105. Oṁ veda śāstra purāṇetihāsa śāśvata bandhave namaḥ

Salutations à Toi, l'amie éternelle de la connaissance védique et de toutes les Ecritures.

106. Oṁ bṛghu kṣetra samun mīlat para daivata tejase namaḥ
Salutations à Toi, la gloire divine du Kérala qui s'éveille.

107. Oṁ devyai namaḥ
Salutations à la Déesse.

108. Oṁ premāmṛtānandamayyai nityam namo namaḥ
Salutations à Toi, pleine d'amour divin et de béatitude immortelle.

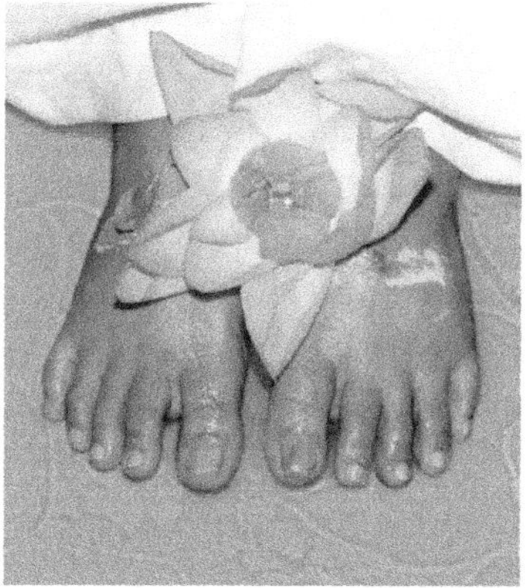

Śrī Lalitā Sahasranāmāvali

Les Mille Noms de Sri Lalita

Dhyānam (Méditation)

sindūrāruṇa vigrahāṁ tri nayanām māṇikya mauli sphurat
tārānāyaka śekharām smitamukhīm āpīna vakṣoruhām
pāṇibhyām alipūrṇa ratna caṣakam raktotpalam bibhratīm
saumyāṁ ratna ghaṭastha rakta caraṇāṁ dhyāyet parāmambikām

dhyāyet padmāsanasthām vikasita vadanām
padma patrāyatākṣīm
hemābhām pītavastrām kara kalita lasad
hema padmām varāṅgim

sarvālaṅkāra yuktām satatam abhayadām

bhaktanamrām bhavānīm
śrīvidyām śāntamūrtīm sakala sura nutāṁ
sarva sampat pradātrīm
sakuṅkuma vilepanām alika cumbi kastūrikām
samanda hasitekṣaṇām saśara cāpa pāśāṅkuśām
aśeṣa jana mohinīm aruṇa mālya bhūṣojvalām
japā kusuma bhāsurām japavidhau smaredambikām
aruṇāṁ karuṇā taraṅgitākṣīṁ
dhṛta pāśāṅkuśa puṣpa bāṇa cāpām
aṇimādibhir āvṛtām mayūkhai
raham ityeva vibhāvaye maheśīm

Ô Mère, nous méditons sur Ta forme rouge resplendissante aux trois yeux sacrés ; Ta couronne est sertie de rubis et ornée du croissant de lune ; Tu rayonnes d'un sourire bienveillant et Ta poitrine déborde d'amour maternel ; Tu tiens dans une main une coupe sertie de pierres précieuses, remplie d'hydromel, et dans l'autre main un lotus rouge.

Méditons constamment sur Dévi Bhavani assise dans une fleur de lotus, sur Sa forme splendide, le visage rayonnant de joie, les yeux doux et allongés comme des pétales de lotus ; de couleur dorée, vêtue de soie jaune, tenant à la main un lotus doré, portant des parures qui brillent de mille feux, Elle est pleine de compassion envers les dévots et leur accorde Sa protection et la prospérité. Vénérée par les êtres célestes, Elle est l'incarnation de Sri Vidya et de la paix !

Ô Mère de l'univers, lorsque nous pratiquons le japa, méditons sur Ta forme couverte de vermillon et de musc dont le parfum attire les abeilles, Toi dont le regard est en soi un tendre sourire, Tu tiens la corde et l'aiguillon, Tu captives tous les êtres ! Parée d'une guirlande rouge et de bijoux étincelants, Tu as la splendeur de la rose de Chine.

Je conçois Dévi Bhavani comme étant le Soi suprême en moi, rose comme l'aurore ; de Ses yeux jaillissent des vagues de compassion, Elle tient la corde et l'aiguillon, l'arc en canne à sucre et les flèches de fleurs, Elle est entourée des rayons dorés d'anima et des huit autres gloires.

1. **Oṁ śrī mātre namaḥ**
Ô Mère divine, je Te rends hommage.

2. **Oṁ śrī mahā rājñyai namaḥ**
Ô grande Impératrice de l'univers, je Te rends hommage.

3. **Oṁ śrīmat siṁhāsaneśvaryai namaḥ**
Ô grande Souveraine qui trônes sur le dos du lion, je Te rends hommage.

4. **Oṁ cid agni kuṇḍa sambhūtāyai namaḥ**
Ô Toi qui es née du feu de la pure Conscience, je Te rends hommage.

5. **Oṁ deva kārya samudyatāyai namaḥ**
Ô Toi qui soutiens toujours la cause des forces divines, je Te rends hommage.

6. **Oṁ udyad bhānu sahasrābhāyai namaḥ**
Ô Toi qui brilles de l'éclat de mille soleils levants, je Te rends hommage.

7. **Oṁ catur bāhu samanvitāyai namaḥ**
Ô Déesse aux quatre bras, je Te rends hommage.

8. **Oṁ rāga svarūpa pāśāḍhyāyai namaḥ**

Ô Toi qui tiens la corde, symbole du pouvoir de l'amour, je Te rends hommage.

9. **Oṁ krodhā kārāṅkuśojjvalāyai namaḥ**
Ô Toi qui tiens l'aiguillon fulgurant de la colère pour contenir les forces du mal, je Te rends hommage.

10. **Oṁ mano rūpekṣu kodaṇḍāyai namaḥ**
Ô Toi qui tiens un arc, symbole du mental, je Te rends hommage.

11. **Oṁ pañca tanmātra sāyakāyai namaḥ**
Ô Toi qui tiens cinq flèches représentant les cinq éléments subtils (tanmatras), je Te rends hommage.

12. **Oṁ nijāruṇa prabhā pūra majjad brahmāṇḍa maṇḍalāyai namaḥ**
L'univers baigne dans Ta splendeur rosée, je Te rends hommage.

13. **Oṁ campakāśoka punnāga saugandhika lasat kacāyai namaḥ**
Les boucles de Tes cheveux brillants parfument les fleurs champaka, asoka et punnaga qui les parent, Ô Dévi, je Te rends hommage.

14. **Oṁ kuruvinda maṇi śreṇī kanat koṭīra maṇḍitāyai namaḥ**
Ta couronne ornée de pierres *kuruvinda* étincelle, Ô Dévi, je Te rends hommage.

15. **Oṁ aṣṭamī candra vibhrājadalika sthala śobhitāyai namaḥ**
Ton front brille comme le croissant de lune du huitième jour de la lune montante (*ashtami*),Ô Dévi, je Te rends hommage.

16. **Oṁ mukha candra kalaṅkābha mṛganābhi viśeṣakāyai namaḥ**
Tu portes sur le front une marque de musc (*kasturi tilaka*) qui évoque la tache sur la lune, Ô Dévi, je Te rends hommage.

17. **Oṁ vadana smara māṅgalya gṛha toraṇa cillikāyai namaḥ**
Ton visage est pareil à la demeure de Kama, le dieu de l'amour, et Tes sourcils sont les arches qui mènent à ce temple de beauté, Ô Dévi, je Te rends hommage.

18. **Oṁ vaktra lakṣmī parīvāha calan mīnābha locanāyai namaḥ**
Tes yeux se meuvent comme des poissons dans les fleuves de beauté qui s'écoulent de Ton visage, Ô Dévi, je Te rends hommage.

19. **Oṁ nava campaka puṣpābha nāsā daṇḍa virā jitāyai namaḥ**

Ton nez magnifique est semblable à la fleur de *campaka* fraîchement épanouie, Ô Dévi, je Te rends hommage.

20. Oṁ tārā kānti tiraskāri nāsābharaṇa bhāsurāyai namaḥ
Ton anneau de nez brille d'un éclat supérieur à celui de la planète Vénus, Ô Dévi, je Te rends hommage.

21. Oṁ kadamba mañjarī kḷpta karṇapūra manoharāyai namaḥ
Tu rayonnes, charmante, un petit bouquet de fleurs de *kadamba* au-dessus de l'oreille, Ô Dévi, je Te rends hommage.

22. Oṁ tāṭaṅka yugalī bhūta tapanoḍupa maṇḍalāyai namaḥ
Toi dont les boucles d'oreille sont le Soleil et la Lune, je Te rends hommage.

23. Oṁ padma rāga śilādarśa paribhāvi kapola bhuve namaḥ
La beauté deTes joues surpasse celle des miroirs de rubis, Ô Dévi, je Te rends hommage.

24. Oṁ nava vidruma bimba śrī nyakkāri radana cchadāyai namaḥ

Tes lèvres sont plus rouges que le corail et que le fruit *bimba,* Ô Dévi, je Te rends hommage.

25. Oṁ śuddha vidyāṅkurākāra dvija paṅkti dvayojjvalāyai namaḥ

Ta beauté est rehaussée par des dents semblables aux germes de la pure Connaissance, Ô Dévi, je Te rends hommage.

26. Oṁ karpūra vīṭikāmoda samākarṣad digantarāyai namaḥ

Tu savoures un rouleau de feuille de bétel dont le parfum se répand dans toutes les directions, Ô Dévi, je Te rends hommage.

27. Oṁ nija sallāpa mādhurya vinirbhartsita kacchapyai namaḥ

Tes paroles sont plus mélodieuses que la vina de Sarasvati (appelée *kachappi*), Ô Dévi, je Te rends hommage.

28. Oṁ manda smita prabhā pūra majjat kāmeśa mānasāyai namaḥ

Le rayonnement de Ton sourire subjugue l'esprit de Kamesha (Shiva), Ô Dévi, je Te rends hommage.

29. Oṁ anākalita sādṛśya cibuka śrī virājitāyai namaḥ
Ton menton est d'une beauté incomparable, Ô Dévi, je Te rends hommage.

30. Oṁ kāmeśa baddha māṅgalya sūtra śobhita kandharāyai namaḥ
Ton cou est orné du fil de mariage noué par Ton époux Kamesa (Shiva), Ô Dévi, je Te rends hommage.

31. Oṁ kanakāṅgada keyūra kamanīya bhujān vitāyai namaḥ
Tes bras magnifiques sont couverts de brassards et de bracelets, Ô Dévi, je Te rends hommage.

32. Oṁ ratna graiveya cintāka lola muktāphalān vitāyai namaḥ
Tu portes un collier de pierres précieuses avec une perle en pendentif, Ô Dévi, je Te rends hommage.

33. Oṁ kāmeśvara prema ratna maṇi pratipaṇa stanyai namaḥ
Je Te rends hommage, Ô Déesse : en retour du joyau qu'il T'a donné en gage d'amour, Tu offres Tes seins à Ton époux Kamesvara ,

34. Oṁ nābhyālavāla romāli latā phala kuca dvayyai namaḥ

Je Te rends hommage : de Ton nombril monte une fine ligne de poils, plante grimpante dont Tes seins, Ô Déesse, sont les fruits.

35. Oṁ lakṣya roma latā dhāratā samunneya madhyamāyai namaḥ

Ta taille est si fine qu'on la devine à peine sous la ligne des poils qui montent de Ton nombril, Ô Dévi, je Te rends hommage.

36. Oṁ stana bhāra dalan madhya paṭṭa bandha vali trayāyai namaḥ

Je Te rends hommage, Ô Dévi : Ta taille ploie sous le poids de Tes seins et les trois plis de Ton ventre la soutiennent comme une ceinture.

37. Oṁ aruṇāruṇa kausumbha vastra bhāsvat kaṭī taṭyai namaḥ

Tu portes un vêtement rouge profond autour des hanches, Ô Dévi, je Te rends hommage.

38. Oṁ ratna kiṅkiṇikāramya raśanā dāma bhūṣitāyai namaḥ

Tu es parée d'une ceinture ornée d'une multitude de clochettes incrustées de pierres précieuses, Ô Dévi, je Te rends hommage.

39. **Oṁ kāmeśa jñāta saubhāgya mārdavoru dvayānvitāyai namaḥ**
Seul Kamesha, Ton époux, connaît la beauté et la douceur de Tes cuisses, Ô Dévi, je Te rends hommage.

40. **Oṁ māṇikya mukuṭākāra jānu dvaya virājitāyai namaḥ**
Tes genoux sont des couronnes taillées dans le rubis *manikya*, Ô Dévi, je Te rends hommage. .

41. **Oṁ indra gopa parikṣipta smara tūṇābha jaṅghikāyai namaḥ**
Tes mollets luisent comme le carquois couvert de joyaux du dieu de l'amour, Ô Dévi, je Te rends hommage.

42. **Oṁ gūḍha gulphāyai namaḥ**
Tes chevilles bien pleines ne montrent aucune protubérance, Ô Dévi, je Te rends hommage.

43. **Oṁ kūrma pṛṣṭha jayiṣṇu prapadānvitāyai namaḥ**

Les voûtes arquées de Tes pieds rivalisent de beauté et de perfection avec le dos d'une tortue, Ô Dévi, je Te rends hommage. .

44. Oṁ nakha dīdhiti saṁchanna namajjana tamo guṇāyai namaḥ
Les ongles de Tes pieds émettent une telle lumière que les ténèbres de l'ignorance s'évanouissent à jamais pour les dévots qui se prosternent à Tes pieds, Ô Dévi, je Te rends hommage.

45. Oṁ pada dvaya prabhā jāla parākṛta saroruhāyai namaḥ
Tes pieds surpassent en beauté la fleur de lotus, Ô Dévi, je Te rends hommage.

46. Oṁ śiñjāna maṇi mañjīra maṇḍita śrīpadāmbujāyai namaḥ
Tes pieds de lotus sont ornés de bracelets de chevilles en or, incrustés de pierres précieuses, au tintement très doux, Ô Dévi, je Te rends hommage.

47. Oṁ marālī manda gamanāyai namaḥ
Ta démarche est lente et douce comme celle d'un cygne, Ô Dévi, je Te rends hommage. .

48. Oṁ mahā lāvaṇya śevadhaye namaḥ
Ô trésor infini de divine beauté, je Te rends hommage.

49. Oṁ sarvāruṇāyai namaḥ
Ô Déesse au corps rose, je Te rends hommage.

50. Oṁ anavadyāṅgyai namaḥ
Ô Toi dont le corps est sans défaut, je Te rends hommage.

51. Oṁ sarvābharaṇa bhūṣitāyai namaḥ
Ô Dévi, je Te rends hommage, Toi qui es parée d'ornements divins.

52. Oṁ śiva kāmeśvarāṅkasthāyai namaḥ
Ô Dévi, je Te rends hommage, Toi qui es assise sur les genoux de Shiva, Celui qui a maîtrisé le désir.

53. Oṁ śivāyai namaḥ
Ô Dévi, je Te rends hommage, Toi l'épouse de Shiva.

54. Oṁ svādhīna vallabhāyai namaḥ
Tu es la souveraine de Ton époux Shiva lorsque la création se manifeste dans le cycle du temps, Ô Dévi, je Te rends hommage.

55. Oṁ sumeru madhya śṛṅgasthāyai namaḥ

Ô Dévi, je Te rends hommage, Toi qui résides sur le pic central du Mont Méru.

56. Oṁ śrīman nagara nāyikāyai namaḥ

Ô Dévi, je Te rends hommage, Toi qui es le bindu, le centre de béatitude du Sri Chakra.

57. Oṁ cintāmaṇi gṛhāntasthāyai namaḥ

Ô Dévi, je Te rends hommage, Toi dont la demeure est l'île au joyau qui exauce tous les désirs (*cintamani*).

58. Oṁ pañca brahmāsana sthitāyai namaḥ

Tu es assise sur un siège constitué de cinq divinités (*brahmas*) (Brahma, Vishnou, Roudra, Isana et Sadashiva), Ô Dévi, je Te rends hommage.

59. Oṁ mahā padmāṭavī samsthāyai namaḥ

Tu demeures dans une forêt de lotus (Le lotus aux mille pétales (*sahasrara*) le *chakra* situé au sommet du crâne) Ô Dévi, je Te rends hommage.

60. Oṁ kadamba vana vāsinyai namaḥ

Ô Dévi, je Te rends hommage, Toi qui résides dans un bosquet d'arbres *kadamba*.

61. Oṁ sudhā sāgara madhyasthāyai namaḥ

Tu demeures au centre de l'océan (*sagara*) de nectar (*suddha*), Ô Dévi, je Te rends hommage.

62. Oṁ kāmākṣyai namaḥ

Ton regard est plein de grâce, Ô Dévi, je Te rends hommage.

63. Oṁ kāma dāyinyai namaḥ

Ô Dévi, Toi qui exauces toutes les prières, je Te rends hommage.

64. Oṁ devarṣi gaṇa saṅghāta stūyamānātma vaibhavāyai namaḥ

Ô Toi dont la puissance est glorifiée par des multitudes de dieux et de sages, je Te rends hommage.

65. Oṁ bhaṇḍāsura vadhodyukta śakti senā saman vitāyai namaḥ

Toi qui commandes une armée de *shaktis* déterminées à détruire Bandhasura. [Dans cette bataille, l'*asura* symbolise l'ignorance, la déesse Lalitambika le Soi (*atman*) et les *shaktis* les facultés de l'*atman*.] Ô Dévi, je Te rends hommage.

66. Oṁ sampatkarī samārūḍha sindhura vraja sevitāyai namaḥ

Un régiment d'éléphants commandé par Sampatkari T'accompagne, Ô Dévi, je Te rends hommage.

67. Oṁ aśvārūḍhādhiṣṭhitāśva koṭi koṭibhir āvṛtāyai namaḥ

Ô Déesse entourée d'une cavalerie de millions de chevaux, commandée par Ashvarudha, je Te rends hommage

68. Oṁ cakra rāja rathārūḍha sarvāyudha pariṣkṛtāyai namaḥ

Ô Déesse montée sur le char (*chakra raja*) muni de toutes les armes, je Te rends hommage.

69. Oṁ geya cakra rathārūḍha mantriṇī pari sevitāyai namaḥ

Toi qui es servie par Ton ministre, la déesse Shyamala montée sur son char appelé *geya chakra,* Ô Dévi, je Te rends hommage.

70. Oṁ kiri cakra rathārūḍha daṇḍa nāthā puras kṛtāyai namaḥ

Dandanatha, Commandante de Tes armées, Te précède dans son char *kiri chakra,* Ô Dévi, je Te rends hommage.

71. Oṁ jvālā mālinikākṣipta vahni prākāra madhya gāyai namaḥ

Tu as pris position au centre du rempart de feu construit par Jvalamalinika, Ô Dévi, je Te rends hommage.

72. Oṁ bhaṇḍa sainya vadhodyukta śakti vikrama harṣitāyai namaḥ

Tu Te réjouis de la vaillance de Tes *shaktis*, déterminées à détruire l'armée de Bhanda, Ô Dévi, je Te rends hommage.

73. Oṁ nityā parākramāṭopa nirīkṣaṇa samutsukāyai namaḥ

L'ardeur guerrière manifestée par les déesses *nitya* dans leur attaque contre l'armée de Bandha T'enchante, Ô Dévi, je Te rends hommage.

74. Oṁ bhaṇḍa putra vadhodyukta bālā vikrama nanditāyai namaḥ

Tu jubiles de voir Ta fille Bala déterminée à tuer le fils de Bandha, Ô Dévi, je Te rends hommage.

75. Oṁ mantriṇyambā viracita viṣaṅga vadha toṣitāyai namaḥ

La destruction de Visanga par Ton Premier Ministre Shyamala Te remplit de contentement, Ô Dévi, je Te rends hommage.

76. Oṁ viśukra prāṇa haraṇa vārāhī vīrya nanditāyai namaḥ
Tu apprécies la prouesse de Varahi qui a détruit Visukra, Ô Dévi, je Te rends hommage.

77. Oṁ kāmeśvara mukhāloka kalpita śrī gaṇeśvarāyai namaḥ
D'un seul regard sur Ton époux Kameshvara, Tu as engendré Ganesh (le dieu à tête d'éléphant), Ô Dévi, je Te rends hommage.

78. Oṁ mahā gaṇeśa nirbhinna vighna yantra prahar ṣitāyai namaḥ
Tu Te réjouis de voir Ganesh détruire les dispositifs magiques placés par Bandhasura pour faire obstacle à Ta victoire, Ô Dévi, je Te rends hommage.

79. Oṁ bhaṇḍāsurendra nirmukta śastra pratyastra varṣiṇyai namaḥ
Tu combats la pluie de missiles dirigés contre Toi par Bandhasura en lançant Tes propres missiles, Ô Dévi, je Te rends hommage.

80. Oṁ karāṅguli nakhotpanna nārāyaṇa daśākṛtyai namaḥ

Ô Toi qui as recréé les dix incarnations de Narayana (Vishnou) à partir de Tes ongles, je Te rends hommage.

81. **Oṁ mahā pāśupatāstrāgni nirdagdhāsura sainikāyai namaḥ**
Ô Toi qui, avec le feu du grand missile Pashupata, a brûlé des armées de démons, je Te rends hommage.

82. **Oṁ kāmeśvarāstra nirdagdha sabhaṇḍāsura śūnyakāyai namaḥ**
Tu as détruit Bandha et sa capitale Shunyaka à l'aide du missile Kameshvara, Ô Dévi, je Te rends hommage.

83. **Oṁ brahmopendra mahendrādi deva samstuta vaibhavāyai namaḥ**
Ô Dévi, Toi dont les innombrables pouvoirs sont glorifiés par Brahma, Vishnou et Indra, je Te rends hommage.

84. **Oṁ hara netrāgni sandagdha kāma sañjīvanauṣadhyai namaḥ**
Ô Toi qui as redonné vie au dieu de l'amour (Kama), tué par le feu de la colère jailli des yeux de Shiva, je Te rends hommage .

85. Oṁ śrīmad vāgbhava kūṭaika svarūpa mukha paṅkajāyai namaḥ

Ton visage de lotus est la première partie du *panca dasaksari* mantra [la forme subtile de Dévi], Ô Dévi, je Te rends hommage.

86. Oṁ kaṇṭhādhaḥ kaṭi paryanta madhya kūṭa svarūpiṇyai namaḥ

Ton tronc est la partie centrale (*kamaraja kuta*) du même mantra, Ô Dévi, je Te rends hommage.

87. Oṁ śakti kūṭaikatāpanna kaṭyadho bhāga dhāriṇyai namaḥ

La partie inférieure de Ton corps est la dernière partie (*shakti kuta*) de ce mantra, Ô Dévi, je Te rends hommage.

88. Oṁ mūla mantrātmikāyai namaḥ

Ô Dévi, Toi le mantra originel, je Te rends hommage.

89. Oṁ mūla kūṭa traya kalebarāyai namaḥ

Ton corps est le *panca dasakshari* mantra (ou *mula* mantra), Ô Dévi, je Te rends hommage.

90. Oṁ kulāmṛtaika rasikāyai namaḥ

Tu Te répands à partir du *sahasrara* (le *chakra* ultime) au travers de la voie *kula* (la *sushumna*), Ô Dévi, je Te rends hommage.

91. Oṁ kula saṅketa pālinyai namaḥ

Tu es la protectrice de la doctrine ésotérique des Kaulas, Ô Dévi, je Te rends hommage.

92. Oṁ kulāṅganāyai namaḥ

Ô Toi l'élément féminin (la Kundalini) dans la voie *kula,* je Te rends hommage. .

93. Oṁ kulāntasthāyai namaḥ

Ô Toi, la Réalité essentielle de la voie *kula,* je Te rends hommage.

94. Oṁ kaulinyai namaḥ

Toi la déesse Kaulini, le cœur de la voie Kaula, je Te rends hommage.

95. Oṁ kula yoginyai namaḥ
Ô Toi, déesse des Kaulas, je Te rends hommage. .

96. Oṁ akulāyai namaḥ
Ô Toi Akula (Shiva) [dans le lotus aux mille pétales situé au-dessus de la voie *kula*], je Te rends hommage.

97. Oṁ samayāntasthāyai namaḥ
Toi le cœur de la doctrine *samaya* [école philosophique qui enseigne la voie de l'adoration intérieure, shiva-shakti], je Te rends hommage.

98. Oṁ samayācāra tatparāyai namaḥ
Ô Toi qui chéris la tradition *samaya,* je Te rends hommage.

99. Oṁ mūlādhāraika nilayāyai namaḥ
Ô Toi dont la résidence principale est le *muladhara* (le premier *chakra*), je Te rends hommage.

100. Oṁ brahma granthi vibhedinyai namaḥ
Ô Toi qui montes du *muladhara* à travers le Brahma *granthi* (portes des dimensions plus subtiles), je Te rends hommage. .

101. Oṁ maṇipūrāntar uditāyai namaḥ

Ô Toi qui émerges dans le *manipura chakra,* je Te rends hommage.

102. Oṁ viṣṇu granthi vibhedinyai namaḥ

Ô Toi qui transcendes la Vishnou *granthi,* je Te rends hommage.

103. Oṁ ājñā cakrāntarālasthāyai namaḥ

Ô Toi qui montes ensuite dans l'*ajna chakra,* je Te rends hommage.

104. Oṁ rudra granthi vibhedinyai namaḥ

Ô Toi qui traverses enfin la Rudra *granthi* (la porte de la dimension ultime), je Te rends hommage.

105. Oṁ sahasrārāmbujārūḍhāyai namaḥ

Ô Toi qui montes ensuite jusqu'au *sahasrara*, le lotus aux mille pétales, je Te rends hommage.

106. Oṁ sudhā sārābhivarṣiṇyai namaḥ

Ô Dévi, Toi qui répands des flots de nectar (*suddha*) à partir du *sahasrara*, je Te rends hommage.

107. Oṁ taḍil latā sama rucyai namaḥ
Ô Dévi, éblouissante comme l'éclair, je Te rends hommage.

108. Oṁ ṣaṭ cakropari samsthitāyai namaḥ
Ô Toi qui demeures au-dessus des six *chakras,* je Te rends hommage.

109. Oṁ mahāsaktyai namaḥ
Toi, la réalisation suprême de l'union avec Shiva, Ô Dévi, je Te rends hommage.

110. Oṁ kuṇḍalinyai namaḥ
Tu es la *kundalini* (l'énergie lovée dans le *muladhara chakra*), Ô Dévi, je Te rends hommage.

111. Oṁ bisa tantu tanīyasyai namaḥ
Tu es aussi fine et ferme que la fibre d'une tige de lotus, Ô Dévi, je Te rends hommage.

112. Oṁ bhavānyai namaḥ
Ô Bhavani (épouse de Shiva), je Te rends hommage.

113. Oṁ bhāvanā gamyāyai namaḥ

Ô Dévi, Toi que l'on peut réaliser grâce à la méditation, je Te rends hommage.

114. Oṁ bhavāraṇya kuṭhārikāyai namaḥ
Ô Dévi, Toi la hache qui défriche la forêt du *samsara*, je Te rends hommage.

115. Oṁ bhadra priyāyai namaḥ
Toi qui chéris tout ce qui est propice, Ô Dévi, je Te rends hommage.

116. Oṁ bhadra mūrtaye namaḥ
Ô Dévi, incarnation de tout ce qui est propice, je Te rends hommage.

117. Oṁ bhakta saubhāgya dāyinyai namaḥ
Ô Dévi, Toi qui accordes aux dévots le progrès spirituel et la prospérité matérielle, je Te rends hommage.

118. Oṁ bhakti priyāyai namaḥ
Toi qui aimes la dévotion, Ô Dévi, je Te rends hommage.

119. Oṁ bhakti gamyāyai namaḥ
Toi que l'on peut réaliser par la dévotion, Ô Dévi, je Te rends hommage.

120. Oṁ bhakti vaśyāyai namaḥ

Toi que l'on peut fléchir par la dévotion, Ô Dévi, je Te rends hommage.

121. Oṁ bhayāpahāyai namaḥ
Toi qui dissipes toutes les peurs, Ô Dévi, je Te rends hommage.

122. Oṁ śāmbhavyai namaḥ
Ô Shambhavi (épouse de Shiva), je Te rends hommage.

123. Oṁ śāradārādhyāyai namaḥ
Ô Toi que Sharada (l'épouse de Brahma) vénère, je Te rends hommage.

124. Oṁ śarvāṇyai namaḥ
Ô Toi, l'épouse de Sarva (Shiva), je Te rends hommage.

125. Oṁ śarmadāyinyai namaḥ
Ô Toi qui donnes le bonheur, je Te rends hommage.

126. Oṁ śāṅkaryai namaḥ
Ô Shankari (épouse de Shiva), je Te rends hommage.

127. Oṁ śrīkaryai namaḥ
Ô Sri (Celle qui donne la prospérité), l'épouse de Vishnou, je Te rends hommage.

128. Oṁ sādhvyai namaḥ
Ô Toi, l'Epouse dévouée de Shiva, je Te rends hommage.

129. Oṁ śarac candra nibhānanāyai namaḥ
Ton visage resplendit comme la pleine lune d'automne, Ô Dévi, je Te rends hommage.

130. Oṁ śātodaryai namaḥ
Tu as la taille très fine, Ô Dévi, je Te rends hommage.

131. Oṁ śāntimatyai namaḥ
Ô Dévi, Toi dont la nature est paix, je Te rends hommage.

132. Oṁ nirādhārāyai namaḥ
Tu n'as aucun autre support que Toi-même, Ô Dévi, je Te rends hommage.

133. Oṁ nirañjanāyai namaḥ
Ô Dévi, pure de toute ignorance, je Te rends hommage.

134. Oṁ nirlepāyai namaḥ
Ô Dévi, Toi que rien n'affecte, je Te rends hommage.

135. Oṁ nirmalāyai namaḥ
Ô Dévi, Toi qui es pure, je Te rends hommage.

136. Oṁ nityāyai namaḥ
Ô Toi, l'Eternelle, je Te rends hommage.

137. Oṁ nirākārāyai namaḥ
Ô Toi, qui es sans forme, je Te rends hommage.

138. Oṁ nirākulāyai namaḥ
Ô Toi que rien n'agite, je Te rends hommage.

139. Oṁ nirguṇāyai namaḥ
Ô Toi qui transcendes les trois conditionnements (*gunas*) de la nature (*sattva*, *rajas* et *tamas),* je Te rends hommage.

140. Oṁ niṣkalāyai namaḥ
Ô Toi, l'Un indivisible, je Te rends hommage.

141. Oṁ śāntāyai namaḥ
Ô Dévi toujours sereine, je Te rends hommage.

142. Oṁ niṣkāmāyai namaḥ
Ô Toi qui es libre de tout désir, je Te rends hommage.

143. Oṁ nir upaplavāyai namaḥ
Ô Toi que rien n'afflige, je Te rends hommage.

144. Oṁ nitya muktāyai namaḥ
Ô Dévi, éternellement libre, je Te rends hommage.

145. Oṁ nirvikārāyai namaḥ
Ô Toi, l'Immuable, je Te rends hommage.

146. Oṁ niṣprapañcāyai namaḥ
Ô Toi qui es au-delà de ce monde, je Te rends hommage.

147. Oṁ nirāśrayāyai namaḥ
Ô Dévi, Toi qui ne dépends de rien ni de personne, je Te rends hommage.

148. Oṁ nitya śuddhāyai namaḥ
Ô Dévi éternellement pure, je Te rends hommage.

149. Oṁ nitya buddhāyai namaḥ

Ô Toi, la Conscience éveillée, je Te rends hommage.

150. Oṁ nir avadyāyai namaḥ
Ô Toi dont la perfection est toujours adorable, je Te rends hommage.

151. Oṁ nir antarāyai namaḥ
Ô Toi qui es Une et éternelle, je Te rends hommage.

152. Oṁ niṣ kāraṇāyai namaḥ
Ô Toi qui es sans cause, je Te rends hommage.

153. Oṁ niṣ kalaṅkāyai namaḥ
Ô Toi qui es sans tache, je Te rends hommage.

154. Oṁ nir upādhaye namaḥ
Ô Toi qui es sans limite, je Te rends hommage.

155. Oṁ nir īśvarāyai namaḥ
Ô Toi sur qui nul n'exerce de souveraineté, je Te rends hommage.

156. Oṁ nīrāgāyai namaḥ
Ô Toi qui es sans passion, je Te rends hommage.

157. Oṁ rāga mathanyai namaḥ
Ô Toi qui détruis les passions, je Te rends hommage.

158. Oṁ nir madāyai namaḥ
Ô Toi qui es sans orgueil, je Te rends hommage.

159. Oṁ mada nāśinyai namaḥ
Ô Toi qui détruis tout orgueil, je Te rends hommage.

160. Oṁ niścintāyai namaḥ
Ô Toi qui es libre de toute angoisse, je Te rends hommage.

161. Oṁ nir ahaṅkārāyai namaḥ
Ô Toi qui es sans ego, je Te rends hommage.

162. Oṁ nirmohāyai namaḥ
Ô Toi qui es libre de toute illusion, je Te rends hommage.

163. Oṁ moha nāśinyai namaḥ
Ô Toi qui détruis toutes les illusions, je Te rends hommage.

164. Oṁ nir mamāyai namaḥ

Ô Toi qui es dépourvue du sentiment du « moi » et du « mien », je Te rends hommage .

165. Oṁ mamatā hantryai namaḥ
Ô Toi qui détruis le sens du « moi » et du « mien », je Te rends hommage.

166. Oṁ niṣpāpāyai namaḥ
Ô Toi qui es sans péché, je Te rends hommage.

167. Oṁ pāpa nāśinyai namaḥ
Ô Toi qui détruis le péché, je Te rends hommage.

168. Oṁ niṣkrodhāyai namaḥ
Ô Toi qui es sans colère, je Te rends hommage.

169. Oṁ krodha śamanyai namaḥ
Ô Toi qui détruis la colère, je Te rends hommage.

170. Oṁ nirlobhāyai namaḥ
Ô Toi qui es pure de toute avidité, je Te rends hommage.

171. Oṁ lobha nāśinyai namaḥ

Ô Toi qui anéantis l'avidité, je Te rends hommage.

172. Oṁ niḥsaṁśayāyai namaḥ
Ô Toi qui ne connais pas le doute, je Te rends hommage.

173. Oṁ saṁśayaghnyai namaḥ
Ô Toi qui effaces tous les doutes, je Te rends hommage.

174. Oṁ nir bhavāyai namaḥ
Ô Toi qui transcendes le cycle des naissances et des morts, je Te rends hommage.

175. Oṁ bhava nāśinyai namaḥ
Ô Toi qui libères les dévots du cycle de la naissance et de la mort, je Te rends hommage.

176. Oṁ nir vikalpāyai namaḥ
Ô Toi qui ne subis aucune modification (car Tu es pure Conscience), je Te rends hommage.

177. Oṁ nirābādhāyai namaḥ

Ô Toi que rien n'affecte, je Te rends hommage.

178. Oṁ nir bhedāyai namaḥ
Ô Toi qui as transcendé toutes les différences, je Te rends hommage.

179. Oṁ bheda nāśinyai namaḥ
Ô Toi qui détruis le sens des différences, je Te rends hommage.

180. Oṁ nirnāśāyai namaḥ
Ô Toi qui ne meurs pas, je Te rends hommage.

181. Oṁ mṛtyu mathanyai namaḥ
Ô Toi qui permets de transcender la mort, je Te rends hommage.

182. Oṁ niṣkriyāyai namaḥ
Salutations à Toi qui n'accomplis aucune action, je Te rends hommage.

183. Oṁ niṣparigrahāyai namaḥ
Ô Toi qui n'as besoin de rien, je Te rends hommage.

184. Oṁ nistulāyai namaḥ
Ô Toi, l'Incomparable, je Te rends hommage.

185. Oṁ nīla cikurāyai namaḥ

Ô Toi dont les boucles de cheveux sont d'un noir brillant, je Te rends hommage.

186. Oṁ nir apāyāyai namaḥ

Ô Toi, l'Impérissable, je Te rends hommage.

187. Oṁ niratyayāyai namaḥ

Ô Toi, l'Indestructible, je Te rends hommage.

188. Oṁ durlabhāyai namaḥ

Ô Dévi, Toi qu'il est difficile de réaliser, je Te rends hommage.

189. Oṁ durgamāyai namaḥ

Ô Toi qu'il est difficile d'approcher, je Te rends hommage.

190. Oṁ durgāyai namaḥ

Ô Durga, Toi qui as tué le démon Durmada, je Te rends hommage.

191. Oṁ duḥkha hantryai namaḥ

Ô Toi qui mets fin à la souffrance,je Te rends hommage.

192. Oṁ sukha pradāyai namaḥ

Ô Toi qui accordes la félicité, je Te rends hommage.

193. Oṁ duṣṭa dūrāyai namaḥ
Ô Toi qui es très loin des êtres qui accomplissent des actes nuisibles, je Te rends hommage.

194. Oṁ durācāra śamanyai namaḥ
Ô Toi qui détruis ce qui est nuisible à la société, je Te rends hommage.

195. Oṁ doṣa varjitāyai namaḥ
Ô Toi qui es pure de tout mal, je Te rends hommage.

196. Oṁ sarvajñāyai namaḥ
Ô Toi, l'Omnisciente, je Te rends hommage.

197. Oṁ sāndra karuṇāyai namaḥ
Ô Toi dont la compassion est infinie, je Te rends hommage.

198. Oṁ samānādhika varjitāyai namaḥ
Ô Toi que personne n'égale ni ne surpasse, je Te rends hommage.

199. Oṁ sarva śakti mayyai namaḥ

Ô Toi qui contiens tous les pouvoirs, je Te rends hommage.

200. Oṁ sarva maṅgalāyai namaḥ
Ô Toi, en qui demeure tout ce qui est de bon augure, je Te rends hommage

201. Oṁ sad gati pradāyai namaḥ
Ô Toi qui donnes la réalisation du Soi, je Te rends hommage.

202. Oṁ sarveśvaryai namaḥ
Ô Toi qui régis tout l'univers, je Te rends hommage.

203. Oṁ sarva mayyai namaḥ
Ô Dévi, Toi qui es le Tout, je Te rends hommage.

204. Oṁ sarva mantra svarūpiṇyai namaḥ
Ô Toi, l'essence de tous les mantras, je Te rends hommage.

205. Oṁ sarva yantrātmikāyai namaḥ
Ô Toi, l'âme de tous les *yantras* (diagrammes mystiques), je Te rends hommage.

206. Oṁ sarva tantra rūpāyai namaḥ

Ô Incarnation de tous les *tantras* (textes sacrés), je Te rends hommage.

207. Oṁ manonmanyai namaḥ

Ô Toi, la *shakti* de Shiva, je Te rends hommage.

208. Oṁ māheśvaryai namaḥ

Ô Toi, épouse de Maheshvara (le dieu suprême de l'univers), je Te rends hommage.

209. Oṁ mahā devyai namaḥ

Ô grande Déesse, je Te rends hommage.

210. Oṁ mahā lakṣmyai namaḥ

Ô Toi, Mahalakshmi, je Te rends hommage.

211. Oṁ mṛḍa priyāyai namaḥ

Ô Toi, Bien-Aimée de Mrida (Shiva), je Te rends hommage.

212. Oṁ mahā rūpāyai namaḥ

Ô Toi, la forme suprême, je Te rends hommage.

213. Oṁ mahā pūjyāyai namaḥ

Ô Toi, objet suprême d'adoration, je Te rends hommage.

214. Oṁ mahā pātaka nāśinyai namaḥ
Ô Toi qui as le pouvoir de détruire les effets du plus abominable des actes, je Te rends hommage.

215. Oṁ mahā māyāyai namaḥ
Ô Toi la puissance suprême de l'illusion (*maya*) je Te rends hommage

216. Oṁ mahā sattvāyai namaḥ
Ô Toi, la Réalité suprême, je Te rends hommage.

217. Oṁ mahā śaktyai namaḥ
Ô Toi, l'énergie suprême, je Te rends hommage.

218. Oṁ mahā ratyai namaḥ
Ô Toi, ravissement infini, je Te rends hommage.

219. Oṁ mahā bhogāyai namaḥ
Ô Toi qui jouis de tout au degré suprême, je Te rends hommage.

220. Oṁ mahaiśvaryāyai namaḥ

Ô Toi dont la souveraineté est suprême, je Te rends hommage.

221. Oṁ mahā vīryāyai namaḥ
Ô Vaillance suprême, je Te rends hommage.

222. Oṁ mahā balāyai namaḥ
Ô Force suprême, je Te rends hommage.

223. Oṁ mahā buddhyai namaḥ
Ô Sagesse suprême, je Te rends hommage.

224. Oṁ mahā siddhyai namaḥ
Ô Détentrice des pouvoirs suprêmes, je Te rends hommage.

225. Oṁ mahā yogeśvareśvaryai namaḥ
Ô Toi que vénèrent les plus grands yogis, je Te rends hommage.

226. Oṁ mahā tantrāyai namaḥ
Ô Toi, le plus grand des *tantras,* je Te rends hommage.

227. Oṁ mahā mantrāyai namaḥ
Ô Toi, le plus grand des mantras, je Te rends hommage.

228. Oṁ mahā yantrāyai namaḥ
Ô Toi, le plus grand des *yantras,* je Te rends hommage.

229. Oṁ mahāsanāyai namaḥ
Ô Toi, assise sur le grand siège (les 36 *tattvas*), je Te rends hommage.

230. Oṁ mahā yāga kramārādhyāyai namaḥ
Ô Toi que l'on adore par le sacrifice suprême, je Te rends hommage.

231. Oṁ mahā bhairava pūjitāyai namaḥ
Ô Toi que vénère Mahabhairava (Shiva), je Te rends hommage.

232. Oṁ maheśvara mahā kalpa mahātāṇḍava sākṣiṇyai namaḥ
Ô Toi, le témoin de la danse cosmique (*tandava*) de Shiva par laquelle il détruit le monde à la fin d'un cycle de la création, je Te rends hommage.

233. Oṁ mahā kāmeśa mahiṣyai namaḥ
Ô Toi, l'épouse de Mahakameshvara (le Seigneur du désir), je Te rends hommage.

234. Oṁ mahā tripura sundaryai namaḥ

Ô Toi, divine beauté, je Te rends hommage.

235. Oṁ catuḥ ṣaṣṭyupacārāḍhyāyai namaḥ
Ô Toi que l'on vénère en offrant les 64 ingrédients, je Te rends hommage.

236. Oṁ catuḥ ṣaṣṭi kalā mayyai namaḥ
Ô Toi qui incarnes les 64 formes d'art, je Te rends hommage.

237. Oṁ mahā catuḥ ṣaṣṭi koṭi yoginī gaṇa sevitāyai namaḥ
Ô Toi que servent 64 millions de yoginis, je Te rends hommage.

238. Oṁ manu vidyāyai namaḥ
Ô Toi, l'objet du traité de Manu, je Te rends hommage.

239. Oṁ candra vidyāyai namaḥ
Ô Toi, l'objet du traité de Chandravidya, je Te rends hommage.

240. Oṁ candra maṇḍala madhyagāyai namaḥ
Ô Toi qui résides au centre du disque de la lune (dans le *sahasrara*), je Te rends hommage.

241. Oṁ cāru rūpāyai namaḥ

Ô Toi dont la forme est parfaite, je Te rends hommage.

242. Oṁ cāru hāsāyai namaḥ
Ô Dévi au sourire enchanteur, je Te rends hommage.

243. Oṁ cāru candra kalā dharāyai namaḥ
Ô Dévi dont la couronne est ornée du croissant de lune, je Te rends hommage.

244. Oṁ carācara jagan nāthāyai namaḥ
Ô Toi qui gouvernes tous les êtres, animés et inanimés, je Te rends hommage.

245. Oṁ cakra rāja niketanāyai namaḥ
Ô Toi qui demeures dans le chakra raja (Sri Chakra), je Te rends hommage.

246. Oṁ pārvatyai namaḥ
Ô, Parvati (fille de la montagne), je Te rends hommage.

247. Oṁ padma nayanāyai namaḥ
Tes yeux ont la forme des pétales de lotus, Dévi, je Te rends hommage.

248. Oṁ padma rāga sama prabhāyai namaḥ
Ô Toi qui brilles comme le rubis, je Te rends hommage.

249. Oṁ pañca pretāsanāsīnāyai namaḥ
Ô Dévi, assise sur un siège formé de cinq divinités qui, sans Ta shakti, demeurent inertes (les cinq *brahmas* mentionnés ci-dessous), je Te rends hommage

250. Oṁ pañca brahma svarūpiṇyai namaḥ
Ô Toi dont la forme est le monde entier, et qui comprends les cinq *brahmas* : Brahma, Vishnou, Roudra, Ishvara et Sadashiva), je Te rends hommage.

251. Oṁ cinmayyai namaḥ
Ô Toi, la pure Conscience, je Te rends hommage.

252. Oṁ paramānandāyai namaḥ
Ô Toi, béatitude suprême, je Te rends hommage.

253. Oṁ vijñāna ghana rūpiṇyai namaḥ
Ô Toi, incarnation de la sagesse, je Te rends hommage.

254. Oṁ dhyāna dhyātṛ dhyeya rūpāyai namaḥ
Tu es la méditation, le méditant et l'objet de méditation, Ô Dévi, je Te rends hommage.

255. Oṁ dharmādharma vivarjitāyai namaḥ
Ô Toi qui transcendes à la fois le bien et le mal, je Te rends hommage.

256. Oṁ viśva rūpāyai namaḥ
Ô Toi dont la forme est le monde, je Te rends hommage.

257. Oṁ jāgariṇyai namaḥ
Tu es l'état de veille, Ô Dévi, je Te rends hommage.

258. Oṁ svapantyai namaḥ
Tu es l'état de rêve, Ô Dévi, je Te rends hommage.

259. Oṁ taijasātmikāyai namaḥ
Tu es la totalité des âmes plongées dans l'état de rêve, Ô Dévi, je Te rends hommage.

260. Oṁ suptāyai namaḥ
Tu es l'état de sommeil profond, Ô Dévi, je Te rends hommage.

261. Oṁ prājñātmikāyai namaḥ

Tu es la totalité des âmes plongées dans le sommeil profond, Ô Dévi, je Te rends hommage.

262. Oṁ turyāyai namaḥ
Tu es *turya*, l'état d'éveil (qui transcende tous les autres), Ô Dévi, je Te rends hommage.

263. Oṁ sarvāvasthā vivarjitāyai namaḥ
Tu es au-delà de tous les états, Ô Dévi, je Te rends hommage.

264. Oṁ sṛṣṭi kartryai namaḥ
Tu es la cause de la création, Ô Dévi, je Te rends hommage.

265. Oṁ brahma rūpāyai namaḥ
Tu as pris la forme de Brahma, Ô Dévi, je Te rends hommage.

266. Oṁ goptryai namaḥ
Ô Toi qui protèges (le monde), je Te rends hommage.

267. Oṁ govinda rūpiṇyai namaḥ
Tu as pris la forme de Govinda (Vishnou), Ô Dévi, je Te rends hommage.

268. Oṁ samhāriṇyai namaḥ
Ô Destructrice de l'univers, je Te rends hommage.

269. Oṁ rudra rūpāyai namaḥ
Ô Toi qui prends la forme de Rudra, je Te rends hommage.

270. Oṁ tirodhāna karyai namaḥ
Ô Toi qui ramènes l'univers à son état primordial, je Te rends hommage.

271. Oṁ īśvaryai namaḥ
Ô Ishvari, Toi qui accomplis cela (voir le mantra précédent), je Te rends hommage.

272. Oṁ sadā śivāyai namaḥ
Ô Sadashiva (énergie féminine de Shiva; toujours propice), je Te rends hommage.

273. Oṁ anugraha dāyai namaḥ
Tu accordes Ta bénédiction (marquant le départ d'un nouveau cycle de la création), je Te rends hommage.

274. Oṁ pañca kṛtya parāyaṇāyai namaḥ
Ô Toi qui accomplis les cinq fonctions (mentionnées ci-dessus), je Te rends hommage.

275. Oṁ bhānu maṇḍala madhyasthāyai namaḥ
Ô Toi que nous méditons assise au centre du disque solaire, je Te rends hommage.

276. Oṁ bhairavyai namaḥ
Ô Toi, la déesse qui inspire la terreur, je Te rends hommage.

277. Oṁ bhaga mālinyai namaḥ
Ô Toi qui possèdes les six formes d'excellence (la souveraineté, la vertu, la gloire, la beauté, l'omniscience et le détachement.), je Te rends hommage.

278. Oṁ padmāsanāyai namaḥ
Ô Toi, Brahma, assis dans le lotus cosmique, je Te rends hommage.

279. Oṁ bhagavatyai namaḥ
Ô Bhagavati, déesse suprême, je Te rends hommage.

280. Oṁ padma nābha sahodaryai namaḥ
Ô Sœur de Padmanabha (Mahavishnou), je Te rends hommage.

281. Oṁ unmeṣa nimiṣotpanna vipanna bhuvanāvalyai namaḥ
Ô Toi qui crées le monde en ouvrant les yeux et le détruis en les fermant, je Te rends hommage.

282. Oṁ sahasra śīrṣa vadanāyai namaḥ
Ô Toi qui possèdes des milliers de têtes et de visages, je Te rends hommage.

283. Oṁ sahasrākṣyai namaḥ
Ô Toi qui a des milliers d'yeux, je Te rends hommage.

284. Oṁ sahasra pade namaḥ
Ô Toi qui as des milliers de pieds, je Te rends hommage.

285. Oṁ ābrahma kīṭa jananyai namaḥ
Ô Toi qui as donné naissance à toutes les formes, depuis Brahma jusqu'au ver de terre, je Te rends hommage.

286. Oṁ varṇāśrama vidhāyinyai namaḥ

Ô Toi qui as établi l'organisation sociale, je Te rends hommage.

287. Oṁ nijājñā rūpa nigamāyai namaḥ
Ô Toi dont les commandements prennent la forme des Védas, je Te rends hommage.

288. Oṁ puṇyāpuṇya phala pradāyai namaḥ
Ô Toi, la loi qui fait mûrir le fruit des bonnes et des mauvaises actions, je Te rends hommage.

289. Oṁ śruti sīmanta sindūrī kṛta pādābja dhūlikāyai namaḥ
Les déesses Srutis (personnifications des Védas) se prosternent à Tes pieds qu'elles colorent de la marque vermillon qu'elles portent au front, Ô Dévi, je Te rends hommage.

290. Oṁ sakalāgama sandoha śukti sampuṭa mauktikāyai namaḥ
Ô Perle du coquillage des Ecritures, je Te rends hommage.

291. Oṁ puruṣārtha pradāyai namaḥ
Ô Toi qui accordes la réalisation des quatre buts de la vie humaine : la vertu (*dharma*), le plaisir (*kama*), la richesse (*artha*) et la libération (*moksha*), je Te rends hommage.

292. Oṁ pūrṇāyai namaḥ
Ô Toi, le Tout, je Te rends hommage.

293. Oṁ bhoginyai namaḥ
Ô Toi qui Te délectes de tout, je Te rends hommage.

294. Oṁ bhuvaneśvaryai namaḥ
Ô Bhuvaneshvari, Souveraine de l'univers, je Te rends hommage.

295. Oṁ ambikāyai namaḥ
Ô Ambika, Mère de l'univers, je Te rends hommage.

296. Oṁ anādi nidhanāyai namaḥ
Ô Toi qui es sans commencement ni fin, je Te rends hommage.

297. Oṁ hari brahmendra sevitāyai namaḥ

Ô Toi que vénèrent les dieux tels que Hari, Brahma et Indra, je Te rends hommage.

298. Oṁ nārāyaṇyai namaḥ
Ô Narayani, épouse de Narayana (Vishnou), je Te rends hommage.

299. Oṁ nāda rūpāyai namaḥ
Ô Toi incarnation du son cosmique *(nada)*, je Te rends hommage.

300. Oṁ nāma rūpa vivarjitāyai namaḥ
Ô Toi qui es sans nom et sans forme, je Te rends hommage.

301. Oṁ hrīṁ kāryai namaḥ
Ô Toi, la syllabe-racine Hrim qui représente Bhuvaneshvari, je Te rends hommage.

302. Oṁ hrīmatyai namaḥ
Ô Déesse à la nature réservée, je Te rends hommage.

303. Oṁ hṛdyāyai namaḥ
Ô Toi qui demeures dans le cœur, je Te rends hommage.

304. Oṁ heyopādeya varjitāyai namaḥ
Ô Toi qui es au delà de l'attraction et de la répulsion, je Te rends hommage.

305. Oṁ rāja rājārcitāyai namaḥ
Ô Toi qui es vénérée par le roi des rois, je Te rends hommage.

306. Oṁ rājñyai namaḥ
Ô Toi la Reine (l'être suprême), je Te rends hommage.

307. Oṁ ramyāyai namaḥ
Ô Toi qui nous charmes, je Te rends hommage.

308. Oṁ rājīva locanāyai namaḥ
Ô Toi la déesse aux yeux de lotus, je Te rends hommage.

309. Oṁ rañjinyai namaḥ
Ô Toi qui fais nos délices, je Te rends hommage.

310. Oṁ ramaṇyai namaḥ
Ô Toi qui donnes le bonheur, je Te rends hommage.

311. Oṁ rasyāyai namaḥ

Ô Toi, l’essence de tout ce que nous savourons, je Te rends hommage.

312. Oṁ raṇat kiṅkiṇi mekhalāyai namaḥ
Ô Toi qui portes une ceinture de clochettes tintinnabulantes, je Te rends hommage.

313. Oṁ ramāyai namaḥ
Ô Toi Rama (Lakshmi), je Te rends hommage.

314. Oṁ rākendu vadanāyai namaḥ
Ô Toi dont le visage est pareil à la pleine lune, je Te rends hommage.

315. Oṁ rati rūpāyai namaḥ
Ô Toi, qui prends la forme de Rati, (l’épouse du dieu de l’amour) je Te rends hommage.

316. Oṁ rati priyāyai namaḥ
Ô Toi qui es chère à Rati, je Te rends hommage.

317. Oṁ rakṣā karyai namaḥ
Ô Toi qui libéres les âmes du *samsara,* je Te rends hommage.

318. Oṁ rākṣasa ghnyai namaḥ
Ô Toi qui détruis les forces du mal, je Te rends hommage.

319. Oṁ rāmāyai namaḥ
Ô Toi qui es tout le féminin, je Te rends hommage.

320. Oṁ ramaṇa lampaṭāyai namaḥ
Tu es dévouée à Celui qui règne dans Ton cœur (Shiva), Ô Dévi, je Te rends hommage.

321. Oṁ kāmyāyai namaḥ
Ô Toi qu'il faut désirer (comme le bien suprême), je Te rends hommage.

322. Oṁ kāma kalā rūpāyai namaḥ
Ô Toi qui as pris la forme de *kamakala*, je Te rends hommage.

323. Oṁ kadamba kusuma priyāyai namaḥ
Ô Toi qui aimes les fleurs de *kadamba*, je Te rends hommage.

324. Oṁ kalyāṇyai namaḥ
Ô Toi qui es bénie, je Te rends hommage.

325. Oṁ jagatī kandāyai namaḥ
Ô Toi, la racine de l'univers, je Te rends hommage.

326. Oṁ karuṇā rasa sāgarāyai namaḥ
Ô Dévi, océan de compassion, je Te rends hommage.

327. Oṁ kalāvatyai namaḥ
Ô Dévi, Toi qui es tous les arts, je Te rends hommage.

328. Oṁ kalālāpāyai namaḥ
Ô Toi dont l'art, au sens le plus élevé, exprime la parole, je Te rends hommage.

329. Oṁ kāntāyai namaḥ
Ô Toi, la beauté que tous convoitent, je Te rends hommage.

330. Oṁ kādambarī priyāyai namaḥ
Ô Toi qui aimes les offrandes d'hydromel, je Te rends hommage.

331. Oṁ varadāyai namaḥ
Ô Toi qui accordes des faveurs, je Te rends hommage.

332. Oṁ vāma nayanāyai namaḥ

Ô Dévi aux yeux magnifiques, je Te rends hommage.

333. Oṁ vāruṇī mada vihvalāyai namaḥ
Ô Dévi, ivre de Varuni (le vin de l'extase spirituelle), je Te rends hommage.

334. Oṁ viśvādhikāyai namaḥ
Ô Toi qui es au-delà de l'univers, je Te rends hommage.

335. Oṁ veda vedyāyai namaḥ
Ô Toi que l'on peut connaître grâce aux Védas, je Te rends hommage.

336. Oṁ vindhyācala nivāsinyai namaḥ
Ô Toi qui demeures dans les montagnes Vindya, je Te rends hommage.

337. Oṁ vidhātryai namaḥ
Ô Déesse qui crée et préserve l'univers, je Te rends hommage.

338. Oṁ veda jananyai namaḥ
Ô Mère des Védas, je Te rends hommage.

339. Oṁ viṣṇu māyāyai namaḥ
Ô Toi, la puissance d'illusion de Vishnou, je Te rends hommage.

340. Oṁ vilāsinyai namaḥ
Ô Toi qui aimes jouer (en créant, préservant et détruisant l'univers), je Te rends hommage.

341. Oṁ kṣetra svarūpāyai namaḥ
Ô Toi, le corps de tous les êtres, je Te rends hommage.

342. Oṁ kṣetreśyai namaḥ
Ô Toi qui gouvernes tous les corps, je Te rends hommage.

343. Oṁ kṣetra kṣetrajña pālinyai namaḥ
Ô Toi qui protèges l'âme et le corps, je Te rends hommage.

344. Oṁ kṣaya vṛddhi vinirmuktāyai namaḥ
Ô Toi qui ne connais ni croissance ni déclin, je Te rends hommage.

345. Oṁ kṣetra pāla samarcitāyai namaḥ
Ô Toi qui es adorée par le *jiva* (l'âme) qui réside dans ce corps, je Te rends hommage.

346. Oṁ vijayāyai namaḥ

Ô Déesse victorieuse, je Te rends hommage.

347. **Oṁ vimalāyai namaḥ**
Ô Toi qui es pure, je Te rends hommage.

348. **Oṁ vandyāyai namaḥ**
Ô Déesse digne d'adoration, je Te rends hommage.

349. **Oṁ vandāru jana vatsalāyai namaḥ**
Ô Toi qui es pleine d'amour maternel pour les dévots, je Te rends hommage.

350. **Oṁ vāg vādinyai namaḥ**
Ô Toi qui inspires les paroles des sages, je Te rends hommage.

351. **Oṁ vāma keśyai namaḥ**
Ô Toi qui as de beaux cheveux, je Te rends hommage.

352. **Oṁ vahni maṇḍala vāsinyai namaḥ**
Ô Toi qui vis dans un cercle de feu, je Te rends hommage.

353. **Oṁ bhaktimat kalpa latikāyai namaḥ**

Ô Toi, le *kalpa taru*, arbre céleste qui exauce les désirs des dévots, je Te rends hommage.

354. Oṁ paśu pāśa vimocinyai namaḥ
Ô Toi qui délivres les êtres des liens de l'ignorance, je Te rends hommage.

355. Oṁ samhṛtāśeṣa pāṣaṇḍāyai namaḥ
Ô Toi qui détruis les êtres injustes, je Te rends hommage.

356. Oṁ sadācāra pravartikāyai namaḥ
Ô Toi qui inspires la conduite juste aux êtres humains, je Te rends hommage.

357. Oṁ tāpa trayāgni santapta samāhlādana candrikāyai namaḥ
Ô Toi, la pleine lune qui apporte la joie à ceux qui sont consumés par les trois feux de la souffrance (souffrance physique, mentale ou d'origine surnaturelle), je Te rends hommage.

358. Oṁ taruṇyai namaḥ
Ô Dévi éternellement jeune, je Te rends hommage.

359. Oṁ tāpasārādhyāyai namaḥ

Ô Toi que les ascètes vénèrent, je Te rends hommage.

360. Oṁ tanu madhyāyai namaḥ
Ô Déesse à la taille fine, je Te rends hommage.

361. Oṁ tamopahāyai namaḥ
Ô Toi qui détruis l'ignorance, je Te rends hommage.

362. Oṁ cityai namaḥ
Ô Intelligence pure, je Te rends hommage.

363. Oṁ tat pada lakṣyārthāyai namaḥ
Ô Incarnation de la Vérité (*tat*), je Te rends hommage.

364. Oṁ cid eka rasa rūpiṇyai namaḥ
Ta nature est pure Conscience, Ô Dévi, je Te rends hommage.

365. Oṁ svātmānandalavī bhūta brahmādyānanda santatyai namaḥ
Ô Béatitude, dont la béatitude manifestée en Brahma et chez les autres divinités n'est qu'une fraction, je Te rends hommage.

366. Oṁ parāyai namaḥ
Ô Toi, le son transcendental, je Te rends hommage.

367. Oṁ pratyak citī rūpāyai namaḥ
Ô Toi, la Conscience non-manifestée, je Te rends hommage.

368. Oṁ paśyantyai namaḥ
Ô Toi, la parole inaudible, je Te rends hommage.

369. Oṁ para devatāyai namaḥ
Ô Toi, l’objet de la dévotion suprême, je Te rends hommage.

370. Oṁ madhyamāyai namaḥ
Ô Toi, la parole intermédiaire, je Te rends hommage.

371. Oṁ vaikharī rūpāyai namaḥ
Ô Toi, la parole audible, je Te rends hommage.

372. Oṁ bhakta mānasa hamsikāyai namaḥ
Ô Toi, le Cygne dans le lac *manasa* (le mental) de Tes dévots, je Te rends hommage.

373. Oṁ kāmeśvara prāṇa nāḍyai namaḥ
Ô Toi la vie de Ton époux Kameshvara, je Te rends hommage.

374. Oṁ kṛtajñāyai namaḥ
Ô Toi qui connais les actions de tous les êtres, je Te rends hommage.

375. Oṁ kāma pūjitāyai namaḥ
Ô Toi que le dieu de l'amour vénère, je Te rends hommage.

376. Oṁ śṛṅgāra rasa sampūrṇāyai namaḥ
Ô Toi, l'essence de l'Amour, je Te rends hommage.

377. Oṁ jayāyai namaḥ
Ô Toi, déesse victorieuse, je Te rends hommage.

378. Oṁ jālandhara sthitāyai namaḥ
Ô Toi qui demeures dans le sanctuaire de Jalandhara (*vishuddhi chakra*), je Te rends hommage.

379. Oṁ oḍyāṇa pīṭha nilayāyai namaḥ

Ô Toi qui es présente dans le centre *odyana* (ou bien *ajna chakra*), je Te rends hommage.

380. Oṁ bindu maṇḍala vāsinyai namaḥ
Ô Toi qui demeures dans le *bindu,* je Te rends hommage.

381. Oṁ raho yāga kramārādhyāyai namaḥ
Ô Toi que l'on adore par des rites secrets, je Te rends hommage.

382. Oṁ rahas tarpaṇa tarpitāyai namaḥ
Ô Toi que l'on satisfait par des libations, je Te rends hommage.

383. Oṁ sadyaḥ prasādinyai namaḥ
Ô Toi qui accordes aussitôt Ta grâce si on T'adore ainsi, je Te rends hommage.

384. Oṁ viśva sākṣiṇyai namaḥ
Ô Toi, le témoin universel, je Te rends hommage.

385. Oṁ sākṣi varjitāyai namaḥ
Ô Toi qui n'as pas de témoin, je Te rends hommage.

386. Oṁ ṣaḍaṅga devatā yuktāyai namaḥ

Ô Toi qu'entourent les six déesses qui gouvernent le cœur, la tête, les cheveux, les yeux, l'armure et les armes

387. Oṁ ṣāḍguṇya pari pūritāyai namaḥ
Ô Toi qui possèdes dans leur plénitude les six bonnes qualités, je Te rends hommage.

388. Oṁ nitya klinnāyai namaḥ
Ô Toi dont la compassion est éternelle, je Te rends hommage.

389. Oṁ nirupamāyai namaḥ
Ô Toi, l'Incomparable, je Te rends hommage.

390. Oṁ nirvāṇa sukha dāyinyai namaḥ
Ô Toi qui accordes la béatitude du *nirvana*, je Te rends hommage.

391. Oṁ nityā ṣoḍaśikā rūpāyai namaḥ
Ô Toi qui as la forme des seize *nityas,* je Te rends hommage.

392. Oṁ śrīkaṇṭhārdha śarīriṇyai namaḥ
Ô Toi dont le corps est la moitié de Shiva, je Te rends hommage

393. Oṁ prabhāvatyai namaḥ
Ô Déesse lumineuse, je Te rends hommage.

394. Oṁ prabhā rūpāyai namaḥ
Ô Toi qui es la lumière même, je Te rends hommage.

395. Oṁ prasiddhāyai namaḥ
Ô Toi qui es glorifiée, je Te rends hommage.

396. Oṁ parameśvaryai namaḥ
Ô Toi, Souveraine suprême,je Te rends hommage.

397. Oṁ mūla prakṛtyai namaḥ
Ô Toi, la cause primordiale de l'univers, je Te rends hommage.

398. Oṁ avyaktāyai namaḥ
Ô Toi, l'état non-manifesté de l'univers, je Te rends hommage.

399. Oṁ vyaktāvyakta svarūpiṇyai namaḥ
Ô Toi, l'état manifesté et l'état non-manifesté de l'univers, je Te rends hommage.

400. Oṁ vyāpinyai namaḥ

Ô Dévi, présente en tout, je Te rends hommage.

401. Oṁ vividhākārāyai namaḥ
Ô Toi qui as de nombreuses formes, je Te rends hommage.

402. Oṁ vidyāvidyā svarūpiṇyai namaḥ
Ô Toi l'ignorance et la Connaissance, je Te rends hommage.

403. Oṁ mahā kāmeśa nayana kumudāhlāda kaumudyai namaḥ
Ô Toi qui réjouis les yeux de Ton époux comme la lune fait éclore les nénuphars, je Te rends hommage.

404. Oṁ bhakta hārda tamo bheda bhānumad bhānu santatyai namaḥ
Ô Toi qui détruis les ténèbres de l'ignorance dans le mental des dévots comme le soleil dissipe l'obscurité en ce monde, je Te rends hommage.

405. Oṁ śiva dūtyai namaḥ
Ô Toi dont Shiva fut le messager, je Te rends hommage

406. Oṁ śivārādhyāyai namaḥ

Ô Toi que Shiva vénère, je Te rends hommage.

407. Oṁ śiva mūrtyai namaḥ
Ô Toi dont la forme est Shiva, je Te rends hommage.

408. Oṁ śivaṅkaryai namaḥ
Ô Toi qui apportes le bonheur, je Te rends hommage.

409. Oṁ śiva priyāyai namaḥ
Ô Toi, la bien-aimée de Shiva, je Te rends hommage.

410. Oṁ śiva parāyai namaḥ
Ô Toi qui n'es vouée qu'à Shiva, je Te rends hommage.

411. Oṁ śiṣṭeṣṭāyai namaḥ
Ô Toi que chérissent les justes, je Te rends hommage

412. Oṁ śiṣṭa pūjitāyai namaḥ
Ô Toi que vénèrent les justes, je Te rends hommage.

413. Oṁ aprameyāyai namaḥ
Ô Toi, l'Infini incommensurable, je Te rends hommage.

414. Oṁ svaprakāśāyai namaḥ
Tu es Ta propre source de lumière, Ô Dévi, je Te rends hommage.

415. Oṁ mano vācām agocarāyai namaḥ
Ô Toi qui es au-delà du mental et de la parole, je Te rends hommage.

416. Oṁ cicchaktyai namaḥ
Ô Toi, le pouvoir de la Conscience, je Te rends hommage.

417. Oṁ cetanā rūpāyai namaḥ
Ô Toi, la pure Conscience, je Te rends hommage.

418. Oṁ jaḍa śaktyai namaḥ
Tu Te manifestes par les forces physiques, Ô Dévi, je Te rends hommage.

419. Oṁ jaḍātmikāyai namaḥ
Tu es l'essence des forces physiques, Ô Dévi, je Te rends hommage.

420. Oṁ gāyatryai namaḥ
Ô Toi, le Gayatri mantra, je Te rends hommage.

421. Oṁ vyāhṛtyai namaḥ

Ô Toi, les sept invocations du Gayatri mantra, je Te rends hommage.

422. Oṁ sandhyāyai namaḥ

Ô Toi, la divinité que l'on vénère au crépuscule, je Te rends hommage.

423. Oṁ dvija vṛnda niṣevitāyai namaḥ

Ô Toi que les saints adorent par le rituel accompli au crépuscule, je Te rends hommage.

424. Oṁ tattvāsanāyai namaḥ

Ô Toi dont le siège est constitué par les 36 éléments cosmiques, je Te rends hommage.

425. Oṁ tasmai namaḥ

Ô Toi que désigne la syllabe mystique *tat* (Cela), je Te rends hommage.

426. Oṁ tubhyam namaḥ

Ô Toi à qui l'on s'adresse en employant le mot *tvam,* je Te rends hommage.

427. Oṁ ayyai namaḥ

Ô Toi à qui l'on s'adresse par le mot *ayi* (chère), je Te rends hommage.

428. Oṁ pañca kośāntara sthitāyai namaḥ
Ô Toi, l'âme qu'entourent les cinq enveloppes (*kosha*), je Te rends hommage.

429. Oṁ niḥsīma mahimne namaḥ
Ô Toi dont la gloire est infinie, je Te rends hommage.

430. Oṁ nitya yauvanāyai namaḥ
Ô Dévi, éternellement jeune, je Te rends hommage.

431. Oṁ mada śālinyai namaḥ
Ô Dévi, toujours ivre d'extase, je Te rends hommage.

432. Oṁ mada ghūrṇita raktākṣyai namaḥ
Ô Dévi aux yeux rouges et renversés par l'extase, je Te rends hommage.

433. Oṁ mada pāṭala gaṇḍa bhuve namaḥ
Ô Toi dont les joues sont rouges de ravissement, je Te rends hommage.

434. Oṁ candana drava digdhāṅgyai namaḥ
Ô Toi qui embaumes le santal, je Te rends hommage.

435. Oṁ cāmpeya kusuma priyāyai namaḥ

Ô Toi qui aimes la fleur de *champa,* je Te rends hommage.

436. Oṁ kuśalāyai namaḥ

Ô Toi, déesse habile, je Te rends hommage.

437. Oṁ komalākārāyai namaḥ

Ô Dévi à la forme gracieuse, je Te rends hommage.

438. Oṁ kurukullāyai namaḥ

Salutations à Toi, la divinité *kurukulla*.

439. Oṁ kuleśvaryai namaḥ

Ô Toi qui gouvernes la triade *kula* (le connaisseur, la connaissance et l'objet connu), je Te rends hommage.

440. Oṁ kula kuṇḍālayāyai namaḥ

Ô Toi, la divinité dans le *kulakunda* (*muladhara*, le 1er chakra), je Te rends hommage.

441. Oṁ kaula mārga tatpara sevitāyai namaḥ

Ô Toi que vénèrent les adeptes de la tradition *kaula,* je Te rends hommage.

442. Oṁ kumāra gaṇanāthāmbāyai namaḥ
Ô Dévi, Mère de Kumara et de Gananatha, je Te rends hommage.

443. Oṁ tuṣṭyai namaḥ
Ô Toi, le Contentement, je Te rends hommage.

444. Oṁ puṣṭyai namaḥ
Ô Toi, la Plénitude, je Te rends hommage.

445. Oṁ matyai namaḥ
Ô Toi, la Sagesse, je Te rends hommage.

446. Oṁ dhṛtyai namaḥ
Ô Toi, le Courage, je Te rends hommage.

447. Oṁ śāntyai namaḥ
Ô Toi, la Paix, je Te rends hommage.

448. Oṁ svasti matyai namaḥ
Ô Toi qui es bénédiction, je Te rends hommage.

449. Oṁ kāntyai namaḥ

Ô Toi la Clarté, je Te rends hommage.

450. Oṁ nandinyai namaḥ
Ô Toi qui procures le ravissement, je Te rends hommage.

451. Oṁ vighna nāśinyai namaḥ
Ô Toi qui détruis les obstacles, je Te rends hommage.

452. Oṁ tejovatyai namaḥ
Ô Toi, la splendeur, je Te rends hommage.

453. Oṁ tri nayanāyai namaḥ
Ô Toi, la déesse aux trois yeux, je Te rends hommage.

454. Oṁ lolākṣī kāma rūpiṇyai namaḥ
Ô Toi qui fascines même les femmes les plus belles, je Te rends hommage.

455. Oṁ mālinyai namaḥ
Ô Toi qui portes en guirlande les 51 syllabes du *matrika,* je Te rends hommage.

456. Oṁ hamsinyai namaḥ
Ô Toi, le mantra *hamsa,* je Te rends hommage.

457. Oṁ mātre namaḥ
Ô Toi, la créatrice, je Te rends hommage.

458. Oṁ malayācala vāsinyai namaḥ
Ô Toi qui vis dans les montagnes Vidya, je Te rends hommage.

459. Oṁ sumukhyai namaḥ
Ô Toi au visage charmant, je Te rends hommage.

460. Oṁ nalinyai namaḥ
Ô Toi dont le corps a la beauté et la douceur du lotus, je Te rends hommage.

461. Oṁ subhruve namaḥ
Ô déesse aux beaux sourcils, je Te rends hommage.

462. Oṁ śobhanāyai namaḥ
Ô Toi, beauté rayonnante, je Te rends hommage.

463. Oṁ suranāyikāyai namaḥ
Ô Toi, le chef des dieux, je Te rends hommage.

464. Oṁ kāla kaṇṭhyai namaḥ

Ô Toi, l'épouse de Siva, je Te rends hommage.

465. Oṁ kāntimatyai namaḥ
Ô déesse radieuse, je Te rends hommage.

466. Oṁ kṣobhiṇyai namaḥ
Ô Toi, la vibration primordiale (qui engendre le début de l'évolution de *prakriti*, la nature, au début d'un cycle de la création), je Te rends hommage.

467. Oṁ sūkṣma rūpiṇyai namaḥ
Ô Toi dont la forme est subtile, je Te rends hommage.

468. Oṁ vajreśvaryai namaḥ
Ô Toi la déesse du lieu saint appelé *vajr,* je Te rends hommage.

469. Oṁ vāma devyai namaḥ
Ô Toi, l'épouse de Vamadéva (Shiva), je Te rends hommage.

470. Oṁ vayovasthā vivarjitāyai namaḥ
Ô Toi qui ne connais pas le vieillissement et que le temps n'affecte pas, je Te rends hommage.

471. Oṁ siddheśvaryai namaḥ
Ô déesse suprême que les êtres spirituels vénèrent, je Te rends hommage.

472. Oṁ siddha vidyāyai namaḥ
Ô Siddhavidya (le mantra de quinze syllabes), je Te rends hommage.

473. Oṁ siddha mātre namaḥ
Ô Mère des chercheurs spirituels, je Te rends hommage.

474. Oṁ yaśasvinyai namaḥ
Ô Toi dont la renommée est sans égale, je Te rends hommage.

475. Oṁ viśuddhi cakra nilayāyai namaḥ
Ô Toi qui demeures dans le *vishuddhi chakra* (chakra de la gorge), je Te rends hommage.

476. Oṁ ārakta varṇāyai namaḥ
Ô Toi qui as le teint rose de la fleur de *patali*, je Te rends hommage.

477. Oṁ tri locanāyai namaḥ
Ô Déesse aux troix yeux, je Te rends hommage.

478. Oṁ khaṭvāṅgādi praharaṇāyai namaḥ
Ô Toi qui tiens une massue et d'autres armes, je Te rends hommage.

479. Oṁ vadanaika samanvitāyai namaḥ
Ô Déesse au visage unique, je Te rends hommage.

480. Oṁ pāyasānna priyāyai namaḥ
Ô Toi qui aimes le pudding sucré, je Te rends hommage.

481. Oṁ tvaksthāyai namaḥ
Ô Déesse de l'organe du toucher (la peau), je Te rends hommage.

482. Oṁ paśu loka bhayaṅkaryai namaḥ
Ô Toi qui terrifies les mortels ignorants, je Te rends hommage.

483. Oṁ amṛtādi mahā śakti samvṛtāyai namaḥ
Ô Toi, la déesse entourée par les seize *shaktis* dont la première est Amrita, je Te rends hommage.

484. Oṁ ḍākinīśvaryai namaḥ

Ô Toi, la divinité Dakini (décrite dans les neuf noms précédents), je Te rends hommage.

485. Oṁ anāhatābja nilayāyai namaḥ
Ô Toi qui demeures dans le lotus du cœur, *anahata chakra,* je Te rends hommage.

486. Oṁ śyāmābhāyai namaḥ
Ô Toi, la déesse au teint sombre et lumineux, je Te rends hommage.

487. Oṁ vadana dvayāyai namaḥ
Ô Déesse aux deux visages, je Te rends hommage.

488. Oṁ daṁṣṭrojjvalāyai namaḥ
Ô Déesse aux canines brillantes, je Te rends hommage.

489. Oṁ akṣa mālādi dharāyai namaḥ
Ô Toi qui portes un rosaire de perles de *rudraksha*, je Te rends hommage.

490. Oṁ rudhira saṁsthitāyai namaḥ
Ô Toi qui gouvernes le sang dans le corps des mortels, je Te rends hommage.

491. Oṁ kāla rātryādi śaktyaughavṛtāyai namaḥ
Ô Dévi, Toi que servent Kalaratri et onze autres shaktis, je Te rends hommage.

492. Oṁ snigdhaudana priyāyai namaḥ
Ô Toi qui aimes les offrandes de riz et de ghee, je Te rends hommage.

493. Oṁ mahā vīrendra varadāyai namaḥ
Salutations à Toi qui accordes des faveurs aux grands héros.

494. Oṁ rākiṇyambā svarūpiṇyai namaḥ
Ô Mère qui prends la forme de Rakini (décrite dans les neuf noms précédents), je Te rends hommage.

495. Oṁ maṇipūrābja nilayāyai namaḥ
Ô Toi qui demeures dans le *manipura chakra* (à la hauteur du nombril), je Te rends hommage.

496. Oṁ vadana traya samyutāyai namaḥ
Ô Déesse aux trois visages, je Te rends hommage.

497. Oṁ vajrādikāyudhopetāyai namaḥ

Ô Toi qui es munie de la foudre et d'autres armes, je Te rends hommage.

498. Oṁ ḍāmaryādibhir āvṛtāyai namaḥ
Ô Toi qui es entourée de dix *shaktis* dont la première est Dakini, je Te rends hommage.

499. Oṁ rakta varṇāyai namaḥ
Ô Déesse de couleur rouge, je Te rends hommage.

500. Oṁ māṁsa niṣṭhāyai namaḥ
Ô Toi qui gouvernes la chair des êtres vivants, je Te rends hommage.

501. Oṁ guḍānna prīta mānasāyai namaḥ
Ô Toi qui aimes le riz sucré, je Te rends hommage.

502. Oṁ samasta bhakta sukhadāyai namaḥ
Ô Toi qui accordes le bonheur à tous les dévots, je Te rends hommage.

503. Oṁ lākinyambā svarūpiṇyai namaḥ
Ô Mère qui prends la forme de Lakini (décrite dans les huit mantras précédents), je Te rends hommage.

504. Oṁ svādhiṣṭhānāmbuja gatāyai namaḥ
Ô Toi qui demeures dans le *svadhishtana chakra* (situé au bas de la colonne vertébrale), je Te rends hommage.

505. Oṁ catur vaktra manoharāyai namaḥ
Ô Déesse aux quatre visages, enchanteresse du mental, je Te rends hommage.

506. Oṁ śūlādyāyudha sampannāyai namaḥ
Ô Déesse qui tient le trident et toutes les autres armes, je Te rends hommage.

507. Oṁ pīta varṇāyai namaḥ
Ô Déesse de couleur dorée, je Te rends hommage. .

508. Oṁ ati garvitāyai namaḥ
Ô Toi, Déesse hautement vénérée, je Te rends hommage. .

509. Oṁ medo niṣṭhāyai namaḥ
Ô Toi qui gouvernes les tissus gras chez les êtres vivants, je Te rends hommage.

510. Oṁ madhu prītāyai namaḥ
Ô Toi qui aimes les offrandes de miel, je Te rends hommage.

511. Oṁ bandhinyādi samanvitāyai namaḥ
Ô Déesse entourée de Bandhini et de cinq autres *shaktis*, je Te rends hommage.

512. Oṁ dadhyannāsakta hṛdayāyai namaḥ
Ô Toi qui aimes les offrandes de yaourt, je Te rends hommage.

513. Oṁ kākinī rūpa dhāriṇyai namaḥ
Ô Mère Kakini (décrite dans les neuf mantras précédents), je Te rends hommage.

514. Oṁ mūlādhārāmbujārūḍhāyai namaḥ
Ô Toi qui résides dans le *muladhara chakra* (le lotus aux quatre pétales), je Te rends hommage.

515. Oṁ pañca vaktrāyai namaḥ
Ô Déesse aux cinq visages, je Te rends hommage.

516. Oṁ asthi samsthitāyai namaḥ
Ô Toi qui gouvernes les os chez les êtres vivants, je Te rends hommage. .

517. Oṁ aṅkuśādi praharaṇāyai namaḥ
Ô Déesse munie de l'aiguillon et d'autres armes, je Te rends hommage.

518. Oṁ varadādi niṣevitāyai namaḥ
Ô Toi que servent Varada et trois autres *shaktis*, je Te rends hommage.

519. Oṁ mudgaudanāsakta cittāyai namaḥ
Ô Toi qui aimes les offrandes de riz et de légumineuses bouillies, je Te rends hommage.

520. Oṁ sākinyambā svarūpiṇyai namaḥ
Ô Mère Sakini (décrite dans les six mantras précédents), je Te rends hommage.

521. Oṁ ājñā cakrābja nilayāyai namaḥ
Ô Toi qui demeures dans l'*ajna chakra* (situé entre les deux sourcils), je Te rends hommage.

522. Oṁ śukla varṇāyai namaḥ
Ô Déesse au teint blanc, je Te rends hommage.

523. Oṁ ṣaḍ ānanāyai namaḥ
Ô Déesse aux six visages, je Te rends hommage.

524. Oṁ majjā samsthāyai namaḥ

Ô Toi qui gouvernes la moëlle épinière chez les êtres vivants, je Te rends hommage.

525. Oṁ hamsa vatī mukhya śakti samanvitāyai namaḥ
Ô Déesse que servent Hamsavati et d'autres *shaktis*, je Te rends hommage.

526. Oṁ haridrānnaika rasikāyai namaḥ
Ô Toi qui aimes les offrandes de riz au safran, je Te rends hommage.

527. Oṁ hākinī rūpa dhāriṇyai namaḥ
Ô Mère Hakini (décrite dans les six mantras précédents), je Te rends hommage.

528. Oṁ sahasra dala padmasthāyai namaḥ
Ô Toi qui demeures dans le *sahasrara* (le lotus aux mille pétales), je Te rends hommage.

529. Oṁ sarva varṇopaśobhitāyai namaḥ
Ô Toi qui brilles de toutes les couleurs du spectre, je Te rends hommage. .

530. Oṁ sarvāyudha dharāyai namaḥ
Ô déesse munie de toutes les armes qui existent, je Te rends hommage.

531. Oṁ śukla samsthitāyai namaḥ
Ô Toi qui gouvernes le fluide vital chez toutes les créatures, je Te rends hommage.

532. Oṁ sarvatomukhyai namaḥ
Ô Toi dont les visages regardent dans toutes les directions, je Te rends hommage.

533. Oṁ sarvaudana prīta cittāyai namaḥ
Ô Toi qui aimes les offrandes de toutes sortes de nourriture, je Te rends hommage.

534. Oṁ yākinyambā svarūpiṇyai namaḥ
Ô Mère Yakini (décrite dans les six mantras précédents), je Te rends hommage.

535. Oṁ svāhāyai namaḥ
Salutations à Toi, *svaha*, l'exclamation sacrée qui accompagne l'oblation faite dans le feu sacrificiel.

536. Oṁ svadhāyai namaḥ
Ô Toi, *svadha*, l'exclamation sacrée qui accompagne les oblations faites aux mânes des ancêtres, je Te rends hommage. .

537. Oṁ amatyai namaḥ
Ô Toi, la Connaissance, je Te rends hommage.

538. Oṁ medhāyai namaḥ
Ô Toi, l'Intelligence, je Te rends hommage. .

539. Oṁ śrutyai namaḥ
Ô Toi, *shruti*, (les Védas), je Te rends hommage.

540. Oṁ smṛtyai namaḥ
Ô Toi, *smriti*, la mémoire, je Te rends hommage.

541. Oṁ anuttamāyai namaḥ
Salutations à Toi, à qui nul n'est supérieur

542. Oṁ puṇya kīrtyai namaḥ
Ô Toi,qui es glorifiée par ceux qui ont du mérite, je Te rends hommage.

543. Oṁ puṇya labhyāyai namaḥ
Ô Toi, que l'on ne peut atteindre que par le mérite, je Te rends hommage.

544. Oṁ puṇya śravaṇa kīrtanāyai namaḥ
Ecouter Tes louanges et chanter Ta gloire confère des mérites, je Te rends hommage.

545. Oṁ pulomajārcitāyai namaḥ
Ô Toi que vénère Poulomaja, l'épouse d'Indra, je Te rends hommage.

546. Oṁ bandha mocinyai namaḥ
Ô Toi, qui libères de tous les liens (du *samsara*), je Te rends hommage.

547. Oṁ barbarālakāyai namaḥ
Ô déesse aux cheveux bouclés, je Te rends hommage.

548. Oṁ vimarśa rūpiṇyai namaḥ
Ô Dévi Toi qui crées, préserves et détruis, je Te rends hommage.

549. Oṁ vidyāyai namaḥ
Ô Toi, la Connaissance (qui donne la réalisation), je Te rends hommage.

550. Oṁ viyadādi jagat prasuve namaḥ
Ô Toi, l'origine du cosmos, je Te rends hommage.

551. Oṁ sarva vyādhi praśamanyai namaḥ
Ô Toi qui guéris tous les maux, je Te rends hommage.

552. Oṁ sarva mṛtyu nivāriṇyai namaḥ
Ô Toi qui préviens toutes les formes de mort, je Te rends hommage.

553. Oṁ agra gaṇyāyai namaḥ
Ô Toi, à qui l'on doit donner la prééminence en tout, je Te rends hommage.

554. Oṁ acintya rūpāyai namaḥ
Ô Toi qui es au-delà de la pensée, je Te rends hommage.

555. Oṁ kali kalmaṣa nāśinyai namaḥ
Ô Toi qui détruis les péchés du *kali yuga* (époque de dégénérescence), je Te rends hommage.

556. Oṁ kātyāyanyai namaḥ
Ô Katyayani, lumière de toutes les divinités réunies, je Te rends hommage.

557. Oṁ kāla hantryai namaḥ
Ô Toi qui mets fin au temps, je Te rends hommage.

558. Oṁ kamalākṣa niṣevitāyai namaḥ
Ô Toi que vénère Vishnou aux yeux de lotus, je Te rends hommage.

559. Oṁ tāmbūla pūrita mukhyai namaḥ
Ô Toi dont la bouche est pleine de bétel, je Te rends hommage.

560. Oṁ dāḍimī kusuma prabhāyai namaḥ
Ô Toi qui as l'éclat de la fleur de grenadier, je Te rends hommage.

561. Oṁ mṛgākṣyai namaḥ
Ô Déesse aux yeux de biche, je Te rends hommage.

562. Oṁ mohinyai namaḥ
Ô Dévi à la beauté enchanteresse, je Te rends hommage.

563. Oṁ mukhyāyai namaḥ
Ô Toi la manifestation primordiale, je Te rends hommage.

564. Oṁ mṛḍānyai namaḥ

Ô Toi, l'épouse de Celui qui donne le bonheur (Shiva), je Te rends hommage.

565. Oṁ mitra rūpiṇyai namaḥ
Ô Incarnation de la bienveillance, je Te rends hommage.

566. Oṁ nitya tṛptāyai namaḥ
Ô Dévi, éternellement contente et heureuse, je Te rends hommage.

567. Oṁ bhakta nidhaye namaḥ
Ô Toi, trésor de Tes dévots, je Te rends hommage.

568. Oṁ niyantryai namaḥ
Ô Guide et Souveraine de tous les êtres, je Te rends hommage.

569. Oṁ nikhileśvaryai namaḥ
Ô Souveraine de tous les mondes, je Te rends hommage.

570. Oṁ maitryādi vāsanā labhyāyai namaḥ
Ô Toi que l'on atteint grâce à la bonté aimante et à d'autres dispositions bénéfiques, je Te rends hommage.

571. Oṁ mahā pralaya sākṣiṇyai namaḥ

Ô Toi, le témoin de la dissolution de l'ensemble du cosmos, je Te rends hommage.

572. Oṁ parāśaktyai namaḥ
Ô Toi, la puissance suprême, je Te rends hommage.

573. Oṁ parāniṣṭhāyai namaḥ
Ô Toi, le But suprême, je Te rends hommage.

574. Oṁ prajñāna ghana rūpiṇyai namaḥ
Ô Toi, Connaissance pure et condensée, je Te rends hommage.

575. Oṁ mādhvī pānālasāyai namaḥ
Ô Dévi, ivre de nectar, je Te rends hommage.

576. Oṁ mattāyai namaḥ
Ô Toi, la conscience de Shiva, je Te rends hommage.

577. Oṁ mātṛkā varṇa rūpiṇyai namaḥ
Ô Toi qui prends la forme des lettres de l'alphabet, je Te rends hommage.

578. Oṁ mahā kailāsa nilayāyai namaḥ

Ô Toi dont la demeure est le Mont Kailash, je Te rends hommage.

579. Oṁ mṛṇāla mṛdu dor latāyai namaḥ
Ô Déesse aux bras fins et tendres comme des tiges de lotus, je Te rends hommage.

580. Oṁ mahanīyāyai namaḥ
Ô Déesse digne d'adoration, je Te rends hommage.

581. Oṁ dayā mūrtyai namaḥ
Ô Incarnation de la compassion, je Te rends hommage.

582. Oṁ mahā sāmrājya śālinyai namaḥ
Ô Toi dont l'empire est l'ensemble de l'univers, je Te rends hommage.

583. Oṁ ātma vidyāyai namaḥ
Ô Toi, la connaissance du Soi, je Te rends hommage.

584. Oṁ mahāvidyāyai namaḥ
Ô Toi, la grande doctrine, je Te rends hommage.

585. Oṁ śrī vidyāyai namaḥ

Ô Toi, le mantra de Dévi (qui comprend quinze lettres), je Te rends hommage.

586. Oṁ kāma sevitāyai namaḥ

Ô Toi que Kama (le dieu de l'amour) vénère, je Te rends hommage.

587. Oṁ śrī ṣoḍaśākṣarī vidyāyai namaḥ

Ô Toi, le mantra de Dévi (qui comprend seize lettres), je Te rends hommage.

588. Oṁ trikūṭāyai namaḥ

Ô Toi qui formes les trois groupes de lettres du mantra Sri vidya, je Te rends hommage.

589. Oṁ kāma koṭikāyai namaḥ

Ô Toi dont Kama n'est qu'une partie, je Te rends hommage.

590. Oṁ kaṭākṣa kiṅkarī bhūta kamalā koṭi sevitāyai namaḥ

Ô Toi que servent des millions de Lakshmi subjuguées par Tes regards, je Te rends hommage.

591. Oṁ śiraḥ sthitāyai namaḥ

Ô Toi qui demeures dans le *sahasrara* (le *chakra* au sommet de la tête), je Te rends hommage.

592. **Oṁ candra nibhāyai namaḥ**
Ô Toi qui brilles avec l'éclat de la lune, je Te rends hommage.

593. **Oṁ bhālasthāyai namaḥ**
Ô Toi, le *bindu* qui réside dans le front, je Te rends hommage.

594. **Oṁ indra dhanuḥ prabhāyai namaḥ**
Ô Toi qui brilles dans les couleurs de l'arc-en-ciel, je Te rends hommage.

595. **Oṁ hṛdayasthāyai namaḥ**
Ô Toi qui demeures dans le cœur, je Te rends hommage.

596. **Oṁ ravi prakhyāyai namaḥ**
Ô Toi qui as l'éclat éblouissant du soleil, je Te rends hommage.

597. **Oṁ tri koṇāntara dīpikāyai namaḥ**
Ô Toi qui résides au centre du *chakra muladhara,* je Te rends hommage .

598. **Oṁ dākṣāyaṇyai namaḥ**

Ô Toi, qui a pris la forme de la fille de Daksha, je Te rends hommage.

599. Oṁ daitya hantryai namaḥ
Ô Toi qui anéantis les démons, je Te rends hommage.

600. Oṁ dakṣa yajña vināśinyai namaḥ
Ô Toi qui as détruit le sacrifice de Daksha, je Te rends hommage.

601. Oṁ darāndolita dīrghākṣyai namaḥ
Ô Déesse dont les yeux en amande frémissent (d'amour divin), je Te rends hommage.

602. Oṁ dara hāsojjvalan mukhyai namaḥ
Ô Déesse dont le visage est éclairé d'un doux sourire, je Te rends hommage.

603. Oṁ guru mūrtaye namaḥ
Ô Toi qui prends la forme du gourou, je Te rends hommage.

604. Oṁ guṇa nidhaye namaḥ
Ô Trésor de vertus, je Te rends hommage.

605. Oṁ go mātre namaḥ

Ô Source du langage, je Te rends hommage.

606. Oṁ guha janma bhuve namaḥ
Ô Mère de Kartikeya, je Te rends hommage.

607. Oṁ deveśyai namaḥ
Ô Souveraine de tous les dieux. je Te rends hommage.

608. Oṁ daṇḍa nītisthāyai namaḥ
Ô Toi, assise sur le trône de la justice, je Te rends hommage.

609. Oṁ daharākāśa rūpiṇyai namaḥ
Ô Toi, le Soi subtil dans le cœur, je Te rends hommage.

610. Oṁ pratipan mukhya rākānta tithi maṇḍala pūjitāyai namaḥ
Ô Toi, qui dois être vénérée le jour de la pleine lune, je Te rends hommage.

611. Oṁ kalātmikāyai namaḥ
Ô Toi qui es toutes les phases (*kalas*) de la lune, je Te rends hommage.

612. Oṁ kalā nāthāyai namaḥ
Ô Toi qui gouvernes les phases de la lune, je Te rends hommage.

613. Oṁ kāvyālāpa vinodinyai namaḥ
Ô Toi dont la poésie fait les délices, je Te rends hommage.

614. Oṁ sacāmara ramā vāṇī savya dakṣiṇa sevitāyai namaḥ
Ô Toi, la déesse que servent Lakshmi (à sa gauche) et Sarasvati (à sa droite) portant des éventails de cérémonie, je Te rends hommage.

615. Oṁ ādiśaktyai namaḥ
Ô Toi, la Puissance primordiale, je Te rends hommage.

616. Oṁ ameyāyai namaḥ
Ô Toi dont la grandeur est incommensurable, je Te rends hommage.

617. Oṁ ātmane namaḥ
Ô Toi, le Soi (l'âme) qui est en chacun, je Te rends hommage.

618. Oṁ paramāyai namaḥ
Ô Toi, qui es aussi le Soi suprême, je Te rends hommage.

619. Oṁ pāvanākṛtaye namaḥ
Ô Toi dont la forme est sacrée, je Te rends hommage.

620. Oṁ aneka koṭi brahmāṇḍa jananyai namaḥ
Ô Toi, la créatrice de plusieurs millions de mondes, je Te rends hommage.

621. Oṁ divya vigrahāyai namaḥ
Ô Toi dont la forme est divine, je Te rends hommage.

622. Oṁ klīṅkāryai namaḥ
Ô Toi que symbolise la syllabe sacrée *klim,* je Te rends hommage.

623. Oṁ kevalāyai namaḥ
Ô Toi, l'absolu dépourvu de tout attribut, je Te rends hommage.

624. Oṁ guhyāyai namaḥ
Ô Toi que certains fidèles adorent en secret, je Te rends hommage.

625. Oṁ kaivalya pada dāyinyai namaḥ
Ô Toi qui confères *kaivalya*, l'état de béatitude absolue, je Te rends hommage.

626. Oṁ tripurāyai namaḥ
Ô Toi, la déesse aux trois aspects, je Te rends hommage.

627. Oṁ trijagad vandyāyai namaḥ

Ô Toi que les trois mondes vénèrent, je Te rends hommage.

628. Oṁ tri mūrtaye namaḥ
Ô Toi, la trinité (Brahma, Vishnou et Maheshvara), je Te rends hommage.

629. Oṁ tridaśeśvaryai namaḥ
Ô Toi qui gouvernes les divinités (tridasas), je Te rends hommage.

630. Oṁ tryakṣaryai namaḥ
Ô Toi, le mantra en trois parties *pancadasi* (mantra de *sri vidya*), je Te rends hommage.

631. Oṁ divya gandhāḍhyāyai namaḥ
Ô Déesse au divin parfum, je Te rends hommage.

632. Oṁ sindūra tilakāñcitāyai namaḥ
Ô Toi qui portes une marque de vermillon sur le front, je Te rends hommage.

633. Oṁ umāyai namaḥ
Ô Toi, Uma, je Te rends hommage.

634. Oṁ śailendra tanayāyai namaḥ

Ô Toi, la fille de l'Himalaya, je Te rends hommage.

635. Oṁ gauryai namaḥ
Ô, Gauri (au teint blanc), je Te rends hommage.

636. Oṁ gandharva sevitāyai namaḥ
Ô Toi que servent les Gandharvas (musiciens célestes), je Te rends hommage.

637. Oṁ viśva garbhāyai namaḥ
Ô Déesse qui porte l'univers en son sein, je Te rends hommage.

638. Oṁ svarṇa garbhāyai namaḥ
Ô Dévi, cause de l'univers, je Te rends hommage.

639. Oṁ avaradāyai namaḥ
Ô Toi qui détruis les ignobles démons, je Te rends hommage.

640. Oṁ vāg adhīśvaryai namaḥ
Ô Déesse de la parole, je Te rends hommage.

641. Oṁ dhyāna gamyāyai namaḥ
Ô Toi que l'on approche par la méditation, je Te rends hommage.

642. Oṁ apari cchedyāyai namaḥ
Ô Toi, l'infini sans limite, je Te rends hommage.

643. Oṁ jñānadāyai namaḥ
Ô Toi qui accordes la connaissance suprême, je Te rends hommage.

644. Oṁ jñāna vigrahāyai namaḥ
Ô Toi, l'incarnation de la connaissance suprême, je Te rends hommage.

645. Oṁ sarva vedānta samvedyāyai namaḥ
Ô Toi qui es le sujet de toutes les Upanishads (le Védanta), je Te rends hommage.

646. Oṁ satyānanda svarūpiṇyai namaḥ
Ô Connaissance et Béatitude suprême, je Te rends hommage.

647. Oṁ lopāmudrārcitāyai namaḥ
Ô Déesse que l'on adore avec le mantra nommé d'après Lopamudra, l'épouse du sage Agastya, je Te rends hommage.

648. Oṁ līlā kḷpta brahmāṇḍa maṇḍalāyai namaḥ

Ô Toi pour qui la création de nombreux univers est un simple jeu, je Te rends hommage.

649. Oṁ adṛśyāyai namaḥ
Ô Toi que l'on ne peut voir au moyen de la vue ordinaire, je Te rends hommage.

650. Oṁ dṛśya rahitāyai namaḥ
Ô Toi qui es au-delà de la vision objective, je Te rends hommage.

651. Oṁ vijñātryai namaḥ
Ô Toi, le sujet ultime, je Te rends hommage.

652. Oṁ vedya varjitāyai namaḥ
Ô Toi qui n'as plus rien à connaître, je Te rends hommage.

653. Oṁ yoginyai namaḥ
Ô Yogini, je Te rends hommage.

654. Oṁ yogadāyai namaḥ
Ô Toi qui as le pouvoir d'accorder le *yoga* (l'union avec Dieu) à Tes dévots, je Te rends hommage.

655. Oṁ yogyāyai namaḥ
Ô Toi, l'objet du yoga, je Te rends hommage.

656. Oṁ yogānandāyai namaḥ
Ô Béatitude que l'on obtient par le yoga, je Te rends hommage.

657. Oṁ yugandharāyai namaḥ
Ô Déesse qui portes les quatre âges (*yugas*), je Te rends hommage.

658. Oṁ icchā śakti jñāna śakti kriyā śakti svarūpiṇyai namaḥ
Ô Toi, le pouvoir de la volonté, de la connaissance, et de l'action, je Te rends hommage.

659. Oṁ sarvādhārāyai namaḥ
Ô Support de tout, je Te rends hommage.

660. Oṁ supratiṣṭhāyai namaḥ
Ô Toi, le ferme fondement de toute existence, je Te rends hommage.

661. Oṁ sad asad rūpa dhāriṇyai namaḥ
Ô Toi dont la forme est l'être et le non-être, je Te rends hommage.

662. Oṁ aṣṭa mūrtyai namaḥ
Ô Déesse à la forme octuple, je Te rends hommage.

663. Oṁ ajā jaitryai namaḥ
Ô Toi qui nous aides à vaincre l'ignorance, je Te rends hommage.

664. Oṁ loka yātrā vidhāyinyai namaḥ
Ô Toi qui diriges le processus cosmique, je Te rends hommage.

665. Oṁ ekākinyai namaḥ
Salutations à Toi, l'Unique.

666. Oṁ bhūma rūpāyai namaḥ
Ô Toi, dont la nature est infinie, je Te rends hommage.

667. Oṁ nirdvaitāyai namaḥ
Ô Toi qui es sans contraire, je Te rends hommage.

668. Oṁ dvaita varjitāyai namaḥ
Ô Toi qui es sans dualité, je Te rends hommage.

669. Oṁ annadāyai namaḥ

Ô Déesse qui donnes à tous leur nourriture, je Te rends hommage.

670. Oṁ vasudāyai namaḥ
Ô Toi qui confères tout ce qui est précieux, je Te rends hommage.

671. Oṁ vṛddhāyai namaḥ
Ô Toi, l'Ancienne, je Te rends hommage.

672. Oṁ brahmātmaikya svarūpiṇyai namaḥ
Ô Toi, le symbole de l'union de *Brahman* et de l'*atman,* je Te rends hommage.

673. Oṁ bṛhatyai namaḥ
Ô Toi, l'Immense, je Te rends hommage.

674. Oṁ brāhmaṇyai namaḥ
Ô Toi, la sagesse de Brahman, je Te rends hommage.

675. Oṁ brāhmyai namaḥ
Ô Toi qui appartiens à Brahman, je Te rends hommage.

676. Oṁ brahmānandāyai namaḥ
Ô Toi, la béatitude de Brahman, je Te rends hommage.

677. Oṁ bali priyāyai namaḥ
Ô Toi qui aimes les offrandes des dévots, je Te rends hommage.

678. Oṁ bhāṣā rūpāyai namaḥ
Ô Toi qui prends la forme du langage, je Te rends hommage.

679. Oṁ bṛhat senāyai namaḥ
Ô Toi qui commandes une puissante armée, je Te rends hommage.

680. Oṁ bhāvābhāva vivarjitāyai namaḥ
Ô Toi qui es au-delà de l'être et du non-être, je Te rends hommage.

681. Oṁ sukhārādhyāyai namaḥ
Ô Toi qu'il est aisé de vénérer, je Te rends hommage.

682. Oṁ śubha karyai namaḥ
Ô Toi qui donnes ce qui est favorable, je Te rends hommage.

683. Oṁ śobhanā sulabhā gatyai namaḥ
Ô Toi que l'on peut atteindre en suivant une voie lumineuse et aisée, je Te rends hommage.

684. Oṁ rāja rājeśvaryai namaḥ
Ô Souveraine des rois et des empereurs, je Te rends hommage.

685. Oṁ rājya dāyinyai namaḥ
Ô Toi qui accordes la souveraineté, je Te rends hommage.

686. Oṁ rājya vallabhāyai namaḥ
Ô Toi qui aimes la souveraineté, je Te rends hommage.

687. Oṁ rājat kṛpāyai namaḥ
Ô Toi, souverainement compatissante, je Te rends hommage.

688. Oṁ rāja pīṭha niveśita nijāśritāyai namaḥ
Ô Toi qui élèves Tes dévots à un statut royal, je Te rends hommage.

689. Oṁ rājya lakṣmyai namaḥ
Ô Incarnation de la Souveraineté, je Te rends hommage.

690. Oṁ kośa nāthāyai namaḥ
Ô Toi qui gouvernes les cinq enveloppes (*koshas*) de la personnalité, je Te rends hommage.

691. Oṁ catur aṅga baleśvaryai namaḥ
Ô Dévi, chacun de Tes quatre bras commande des armées bien équipées, je Te rends hommage.

692. Oṁ sāmrājya dāyinyai namaḥ
Ô Toi qui accordes la souveraineté impériale, je Te rends hommage.

693. Oṁ satya sandhāyai namaḥ
Ô Toi qui es vouée à la vérité, je Te rends hommage.

694. Oṁ sāgara mekhalāyai namaḥ
Ô Toi dont la ceinture est la mer, je Te rends hommage.

695. Oṁ dīkṣitāyai namaḥ
Ô Toi qui observes un vœu, je Te rends hommage.

696. Oṁ daitya śamanyai namaḥ
Ô Dévi qui anéantis les forces mauvaises, je Te rends hommage.

697. Oṁ sarva loka vaśaṅkaryai namaḥ
Ô Toi qui gouvernes tous les mondes, je Te rends hommage.

698. Oṁ sarvārtha dātryai namaḥ
Ô Toi qui exauces tous les désirs, je Te rends hommage.

699. Oṁ sāvitryai namaḥ
Ô Toi, la Puissance créatrice, je Te rends hommage.

700. Oṁ sac cid ānanda rūpiṇyai namaḥ
Ô Toi, dont la forme est pur être-conscience-béatitude, je Te rends hommage.

701. Oṁ deśa kālāparicchinnāyai namaḥ
Ô Toi qui transcendes le temps et l'espace, je Te rends hommage.

702. Oṁ sarvagāyai namaḥ
Ô Toi qui es présente en tous les êtres et les gouvernes de l'intérieur, je Te rends hommage.

703. Oṁ sarva mohinyai namaḥ
Ô Dévi qui enchantes tous les êtres, je Te rends hommage.

704. Oṁ sarasvatyai namaḥ
Ô Sarasvati (déesse des arts et de la sagesse), je Te rends hommage

705. Oṁ śāstramayyai namaḥ
Ô Dévi, Incarnation des Ecritures, je Te rends hommage.

706. Oṁ guhāmbāyai namaḥ
Ô Toi qui résides dans la grotte de l'intelligence, je Te rends hommage.

707. Oṁ guhya rūpiṇyai namaḥ
Ô Toi dont la forme est subtile, je Te rends hommage.

708. Oṁ sarvopādhi vinirmuktāyai namaḥ
Ô Toi qui es libre de toute limitation, je Te rends hommage.

709. Oṁ sadāśiva pativratāyai namaḥ
Ô Toi, l'épouse dévouée de Sadashiva, je Te rends hommage.

710. Oṁ sampradāyeśvaryai namaḥ
Ô Toi, la gardienne des traditions, je Te rends hommage.

711. Oṁ sādhune namaḥ
Ô Dévi, puissance qui détruit l'ignorance, je Te rends hommage.

712. Oṁ yai namaḥ

Ô Toi qui es désignée par la syllabe *yai,* je Te rends hommage.

713. Oṁ guru maṇḍala rūpiṇyai namaḥ

Ô Toi qui te manifestes par la lignée des gurus, je Te rends hommage.

714. Oṁ kulottīrṇāyai namaḥ

Ô Toi qui transcendes la sphère des sens, y compris le mental, je Te rends hommage.

715. Oṁ bhagārādhyāyai namaḥ

Ô Toi qui es adorée dans le disque solaire, je Te rends hommage.

716. Oṁ māyāyai namaḥ

Ô Toi, l'Illusion cosmique, je Te rends hommage.

717. Oṁ madhumatyai namaḥ

Ô Dévi, pas ultime que les yogis doivent franchir, je Te rends hommage.

718. Oṁ mahyai namaḥ

Ô Toi, le support de tout, je Te rends hommage.

719. Oṁ gaṇāmbāyai namaḥ

Ô Dévi, Mère des armées de Shiva et de Ganesha, je Te rends hommage.

720. Oṁ guhyakārādhyāyai namaḥ
Ô Toi que les *guhyakas* (sortes de dieux) adorent, je Te rends hommage.

721. Oṁ komalāṅgyai namaḥ
Ô Dévi, délicate et charmante, je Te rends hommage.

722. Oṁ guru priyāyai namaḥ
Ô Dévi, bien-aimée de Shiva (le grand *guru*), je Te rends hommage.

723. Oṁ svatantrāyai namaḥ
Ô Toi, le seul être indépendant, je Te rends hommage.

724. Oṁ sarva tantreśyai namaḥ
Ô Dévi qui présides à tous les *tantras*, je Te rends hommage.

725. Oṁ dakṣiṇā mūrti rūpiṇyai namaḥ
Ô Toi qui as pris la forme de Dakshinamurti (le premier gourou) je Te rends hommage.

726. Oṁ sanakādi samārādhyāyai namaḥ

Ô Toi que vénèrent Sanaka et les autres grands ascètes, je Te rends hommage.

727. Oṁ śiva jñāna pradāyinyai namaḥ

Ô Toi qui accordes la connaissance de l'être suprême (Shiva), je Te rends hommage.

728. Oṁ cit kalāyai namaḥ

Ô Dévi, étincelle de conscience divine, je Te rends hommage.

729. Oṁ ānanda kalikāyai namaḥ

Ô Dévi, fleur en bouton de la béatitude divine, je Te rends hommage.

730. Oṁ prema rūpāyai namaḥ

Ô Toi, amour pur, je Te rends hommage.

731. Oṁ priyaṅkaryai namaḥ

Ô Toi qui accordes aux dévots ce qu'ils chérissent, je Te rends hommage.

732. Oṁ nāma pārāyaṇa prītāyai namaḥ

Ô Toi que charme la récitation de Tes noms, je Te rends hommage.

733. Oṁ nandi vidyāyai namaḥ

Ô Toi, la déesse adorée par le mantra de Nandi, je Te rends hommage.

734. Oṁ naṭeśvaryai namaḥ
Ô Epouse de Nateshvara (Shiva), je Te rends hommage.

735. Oṁ mithyā jagad adhiṣṭhānāyai namaḥ
Ô Toi, le fondement de l'univers en changement constant, je Te rends hommage.
.

736. Oṁ mukti dāyai namaḥ
Ô Toi qui accordes la libération, je Te rends hommage.

737. Oṁ mukti rūpiṇyai namaḥ
Ô Toi qui es la libération, je Te rends hommage.

738. Oṁ lāsya priyāyai namaḥ
Ô Toi qui aimes la danse rythmée appelée *lasya* qu'exécutent les femmes, je Te rends hommage.

739. Oṁ laya karyai namaḥ
Ô Toi qui crées l'harmonie de la danse et de la musique, je Te rends hommage.

740. Oṁ lajjāyai namaḥ
Ô Toi, qui es la retenue même, je Te rends hommage.

741. Oṁ rambhādi vanditāyai namaḥ
Ô Toi que vénèrent Rambha et les autres danseuses célestes, je Te rends hommage.

742. Oṁ bhava dāva sudhā vṛṣṭyai namaḥ
Ô Toi, la pluie de nectar qui éteint l'incendie du *samsara*, je Te rends hommage.

743. Oṁ pāpāraṇya davānalāyai namaḥ
Ô Toi, l'incendie qui brûle les forêts du péché, je Te rends hommage.

744. Oṁ daurbhāgya tūla vātūlāyai namaḥ
Ô Toi, le vent qui emporte les flocons du malheur, je Te rends hommage.

745. Oṁ jarā dhvānta ravi prabhāyai namaḥ
Ô Toi dont l'éclat dissipe les ténèbres de la vieillesse, je Te rends hommage.

746. Oṁ bhāgyābdhi candrikāyai namaḥ

Ô Toi, la pleine lune qui amène les marées de la bonne fortune, je Te rends hommage.

747. Oṁ bhakta citta keki ghanāghanāyai namaḥ
Ô Toi, le nuage de pluie qui fait danser les cœurs des dévots comme des paons, je Te rends hommage.

748. Oṁ roga parvata dambholaye namaḥ
Ô Toi, la foudre qui détruit la montagne de la maladie, je Te rends hommage.

749. Oṁ mṛtyu dāru kuṭhārikāyai namaḥ
Ô Toi, la hache qui coupe l'arbre de la mort, je Te rends hommage.

750. Oṁ maheśvaryai namaḥ
Ô grande Souveraine, je Te rends hommage.

751. Oṁ mahā kālyai namaḥ
Ô grande Kali, je Te rends hommage.

752. Oṁ mahā grāsāyai namaḥ
Ô grande dévoreuse, je Te rends hommage.

753. Oṁ mahāśanāyai namaḥ
Ô Toi, qui dévores l'univers, je Te rends hommage.

754. Oṁ aparṇāyai namaḥ
Ô Aparna, je Te rends hommage.

755. Oṁ caṇḍikāyai namaḥ
Ô Candika, Toi qui inspires la terreur, je Te rends hommage.

756. Oṁ caṇḍa muṇḍāsura niṣūdinyai namaḥ
Ô Toi, qui as détruit les démons Canda et Munda, je Te rends hommage.

757. Oṁ kṣarākṣarātmikāyai namaḥ
Ô Toi, le périssable et l'Impérissable, je Te rends hommage.

758. Oṁ sarva lokeśyai namaḥ
Ô Dévi, souveraine de tous les mondes, je Te rends hommage.

759. Oṁ viśva dhāriṇyai namaḥ
Ô Support de l'univers, je Te rends hommage.

760. Oṁ tri varga dātryai namaḥ

Ô Toi qui accordes la triade des valeurs humaines (l'aspiration à faire des actes méritoires, la capacité et les moyens de les faire), je Te rends hommage.

761. Oṁ subhagāyai namaḥ
Ô Déesse de la prospérité, je Te rends hommage.

762. Oṁ tryambakāyai namaḥ
Ô Déesse aux trois yeux, je Te rends hommage.

763. Oṁ triguṇātmikāyai namaḥ
Ô essence des trois *gunas* (les trois conditionnements de la nature), je Te rends hommage.

764. Oṁ svargāpavargadāyai namaḥ
Ô Toi qui accordes les plaisirs des mondes célestes et la béatitude éternelle de la libération, je Te rends hommage.

765. Oṁ śuddhāyai namaḥ
Ô Toi qui es pure, je Te rends hommage.

766. Oṁ japā puṣpa nibhākṛtyai namaḥ

Ô Toi, dont le teint est celui de la rose de chine (la pivoine), je Te rends hommage.

767. Oṁ ojovatyai namaḥ
Ô Toi qui débordes d'énergie, je Te rends hommage.

768. Oṁ dyuti dharāyai namaḥ
Ô Dévi, Splendeur et Lumière divine, je Te rends hommage.

769. Oṁ yajña rūpāyai namaḥ
Ô Incarnation du sacrifice, je Te rends hommage.

770. Oṁ priya vratāyai namaḥ
Ô Toi qui aimes les vœux sacrés, je Te rends hommage.

771. Oṁ durārādhyāyai namaḥ
Ô Dévi que ne peuvent adorer ceux qui n'ont pas acquis la maîtrise de leurs sens, je Te rends hommage.

772. Oṁ durādharṣāyai namaḥ
Ô Toi, l'Irrésistible, je Te rends hommage.

773. Oṁ pāṭalī kusuma priyāyai namaḥ
Ô Dévi, Toi qui aimes la fleur de *patali* (fleur rouge pâle), je Te rends hommage.

774. Oṁ mahatyai namaḥ
Ô Dévi, dont la grandeur est suprême, je Te rends hommage.

775. Oṁ meru nilayāyai namaḥ
Ô Toi qui demeures sur le Mont Mérou, je Te rends hommage.

776. Oṁ mandāra kusuma priyāyai namaḥ
Ô Toi qui aimes les fleurs de *mandara* (fleurs célestes de l'arbre à corail), je Te rends hommage.

777. Oṁ vīrārādhyāyai namaḥ
Ô Toi que vénèrent les héros, je Te rends hommage.

778. Oṁ virāḍ rūpāyai namaḥ
Ô Toi, dont le cosmos est la manifestation, je Te rends hommage.

779. Oṁ virajase namaḥ
Ô Toi, l'Immaculée, je Te rends hommage.

780. Oṁ viśvato mukhyai namaḥ
Ô Toi, qui fais face à toutes les directions, je Te rends hommage.

781. Oṁ pratyag rūpāyai namaḥ
Ô Toi, le Soi intérieur, je Te rends hommage.

782. Oṁ parākāśāyai namaḥ
Ô Toi, l'éther transcendental, je Te rends hommage.

783. Oṁ prāṇadāyai namaḥ
Ô Toi qui donnes le prana, je Te rends hommage.

784. Oṁ prāṇa rūpiṇyai namaḥ
Ô Toi qui es le prana, je Te rends hommage.

785. Oṁ mārtaṇḍa bhairavārādhyāyai namaḥ
Ô Toi que vénère Martanda Bhairava (Shiva), je Te rends hommage.

786. Oṁ mantriṇī nyasta rājya dhure namaḥ
Ô Toi qui as investi de Ton autorité royale Ton ministre Mantrini (Shyamalamba), je Te rends hommage.

787. Oṁ tripureśyai namaḥ
Ô Déesse Tripoura, je Te rends hommage.

788. Oṁ jayat senāyai namaḥ
Ô Toi qui commandes des armées victorieuses, je Te rends hommage.

789. Oṁ nistraiguṇyāyai namaḥ
Ô Toi qui transcendes les trois *gunas* (*tamas*, *rajas*, *sattva*), je Te rends hommage.

790. Oṁ parāparāyai namaḥ
Ô Toi, l'absolu et le relatif, je Te rends hommage.

791. Oṁ satya jñānānanda rūpāyai namaḥ
Ô Vérité, Connaissance et Béatitude, je Te rends hommage.

792. Oṁ sāmarasya parāyaṇāyai namaḥ
Ô Toi, l'harmonie dans la diversité, je Te rends hommage.

793. Oṁ kapardinyai namaḥ
Ô Toi, l'épouse de Kapardin (Shiva), je Te rends hommage.

794. Oṁ kalā mālāyai namaḥ
Ô Toi, qui portes tous les arts comme une guirlande, je Te rends hommage.

795. Oṁ kāma dughe namaḥ
Ô Toi, la vache céleste qui exauce tous les vœux, je Te rends hommage.

796. Oṁ kāma rūpiṇyai namaḥ
Ô Toi, qui peux prendre n'importe quelle forme, je Te rends hommage.

797. Oṁ kalā nidhaye namaḥ
Ô Trésor de tous les arts, je Te rends hommage.

798. Oṁ kāvya kalāyai namaḥ
Ô Toi, l'art de la poésie, je Te rends hommage.

799. Oṁ rasa jñāyai namaḥ
Ô Toi qui connais tous les *rasas* (goûts, valeurs, plaisirs), je Te rends hommage.

800. Oṁ rasa śevadhaye namaḥ
Ô Toi, le trésor contenant tous les *rasas,* je Te rends hommage.

801. Oṁ puṣṭāyai namaḥ

Ô Dévi, toujours pleine de vigueur, je Te rends hommage.

802. Oṁ purātanāyai namaḥ
Ô Toi, l'Etre le plus ancien, je Te rends hommage.

803. Oṁ pūjyāyai namaḥ
Ô Toi, digne d'être adorée, je Te rends hommage.

804. Oṁ puṣkarāyai namaḥ
Ô Dévi, pareille à la fleur de lotus, je Te rends hommage.

805. Oṁ puṣkarekṣaṇāyai namaḥ
Ô Dévi, aux beaux yeux de lotus, je Te rends hommage.

806. Oṁ parasmai jyotiṣe namaḥ
Ô Toi, Lumière suprême, je Te rends hommage.

807. Oṁ parasmai dhāmne namaḥ
Ô Toi, demeure suprême, je Te rends hommage.

808. Oṁ paramāṇave namaḥ
Ô Toi, la plus subtile des particules, je Te rends hommage.

809. Oṁ parāt parāyai namaḥ
Ô Suprême, supérieure à Brahma, Vishnou et Shiva, je Te rends hommage.

810. Oṁ pāśahastāyai namaḥ
Ô Toi qui tiens en main la corde qui lie tous les êtres au *samsara* (cycle des morts et des renaissances), je Te rends hommage.

811. Oṁ pāśa hantryai namaḥ
Ô Toi qui coupes les liens du *samsara,* je Te rends hommage.

812. Oṁ para mantra vibhedinyai namaḥ
Ô Toi qui anéantis les sorts jetés par les ennemis sous forme de mantras, je Te rends hommage.

813. Oṁ mūrtāyai namaḥ
Ô Toi qui es toutes les formes, je Te rends hommage.

814. Oṁ amūrtāyai namaḥ
Ô Toi qui es sans forme, je Te rends hommage.

815. Oṁ anitya tṛptāyai namaḥ

Ô Toi qui es satisfaite de nos offrandes périssables, je Te rends hommage.

816. **Oṁ muni mānasa hamsikāyai namaḥ**
Ô Toi, le cygne dans le lac *manasa* du mental des sages, je Te rends hommage.

817. **Oṁ satya vratāyai namaḥ**
Ô Toi qui es fermement établie dans la vérité, je Te rends hommage.

818. **Oṁ satya rūpāyai namaḥ**
Ô Toi, la Vérité manifestée, je Te rends hommage.

819. **Oṁ sarvāntar yāmiṇyai namaḥ**
Ô Toi, le maître intérieur de tous les êtres, je Te rends hommage.

820. **Oṁ satyai namaḥ**
Ô Toi, la Vérité éternelle, je Te rends hommage.

821. **Oṁ Brahmāṇyai namaḥ**
Ô Toi, la *shakti* (puissance) de Brahman, je Te rends hommage.

822. **Oṁ brahmaṇe namaḥ**
Ô Brahman, je Te rends hommage.

823. Oṁ jananyai namaḥ
Ô Mère de l'univers, je Te rends hommage.

824. Oṁ bahu rūpāyai namaḥ
Ô Toi qui as pris des formes multiples, je Te rends hommage.

825. Oṁ budhārcitāyai namaḥ
Ô Dévi que vénèrent les sages, je Te rends hommage.

826. Oṁ prasavitryai namaḥ
Ô Toi qui engendres l'univers, je Te rends hommage.

827. Oṁ pracaṇḍāyai namaḥ
Ô Toi qui inspires un respect mêlé de terreur, je Te rends hommage.

828. Oṁ ājñāyai namaḥ
Ô Toi, la Loi divine, je Te rends hommage.

829. Oṁ pratiṣṭhāyai namaḥ
Ô Toi, le fondement de tout, je Te rends hommage.

830. Oṁ prakaṭākṛtaye namaḥ

Ô Toi, manifestée en tous les êtres comme conscience individuelle, je Te rends hommage.

831. Oṁ prāṇeśvaryai namaḥ
Ô Toi qui gouvernes *prana* (la force vitale), je Te rends hommage.

832. Oṁ prāṇa dātryai namaḥ
Ô Toi qui donnes le prana, je Te rends hommage.

833. Oṁ pañcāśat pīṭha rūpiṇyai namaḥ
Ô Toi, les cinquante sons fondamentaux de la parole, je Te rends hommage.

834. Oṁ viśṛṅkhalāyai namaḥ
Ô Déesse libre de toute entrave, je Te rends hommage.

835. Oṁ viviktasthāyai namaḥ
Ô Toi qui demeures dans le cœur du sage, je Te rends hommage.

836. Oṁ vīra mātre namaḥ
Ô Toi, Mère des héros, je Te rends hommage.

837. Oṁ viyat prasuve namaḥ

Ô source de *viyat*, la substance indifférenciée qui est le point de départ de l'évolution de l'univers, je Te rends hommage.

838. Oṁ mukundāyai namaḥ

Ô Toi qui accordes la libération, je Te rends hommage.

839. Oṁ mukti nilayāyai namaḥ

Ô Toi, la demeure de ceux qui atteignent la libération, je Te rends hommage.

840. Oṁ mūla vigraha rūpiṇyai namaḥ

Ô Toi, la cause-racine d'où émergent toutes les autres *shaktis,* je Te rends hommage.

841. Oṁ bhāva jñāyai namaḥ

Ô Toi qui connais toutes les pensées et tous les sentiments, je Te rends hommage.

842. Oṁ bhava rogaghnyai namaḥ

Ô Toi qui guéris la maladie de la transmigration (*samsara*), je Te rends hommage.

843. Oṁ bhava cakra pravartinyai namaḥ

Ô Toi qui mets en mouvement la roue de la transmigration, je Te rends hommage.

844. Oṁ chandaḥ sārāyai namaḥ
Ô Toi, l'essence des Védas, je Te rends hommage.

845. Oṁ śāstra sārāyai namaḥ
Ô Toi, l'essence des Ecritures (*shastras*), je Te rends hommage.

846. Oṁ mantra sārāyai namaḥ
Ô Toi, l'essence de tous les mantras, je Te rends hommage.

847. Oṁ talodaryai namaḥ
Ô Déesse qui contiens tous les mondes dans ta taille fine, je Te rends hommage.

848. Oṁ udāra kīrtaye namaḥ
Ô Toi dont la gloire est universelle, je Te rends hommage.

849. Oṁ uddāma vaibhavāyai namaḥ
Ô Toi dont la puissance et la gloire sont infinies, je Te rends hommage.

850. Oṁ varṇa rūpiṇyai namaḥ

Ô Toi qui prends la forme des lettres de l'alphabet, je Te rends hommage.

851. Oṁ janma mṛtyu jarā tapta jana viśrānti dāyinyai namaḥ
Ô Déesse qui accorde la paix et le repos à ceux qui endurent la naissance, la vieillesse et la mort, je Te rends hommage.

852. Oṁ sarvopaniṣad udghuṣṭāyai namaḥ
Ô Toi que proclament toutes les Upanishads, je Te rends hommage.

853. Oṁ śāntyatīta kalātmikāyai namaḥ
Ô Toi qui transcendes même l'état de paix, je Te rends hommage.

854. Oṁ gambhīrāyai namaḥ
Ô Toi l'Insondable, je Te rends hommage.

855. Oṁ gaganāntaḥsthāyai namaḥ
Ô Toi qui es présente dans tout l'espace, je Te rends hommage.

856. Oṁ garvitāyai namaḥ
Ô Dévi, orgueil de Shiva, source du processus de la création, je Te rends hommage.

857. Oṁ gāna lolupāyai namaḥ
Ô Dévi, la musique fait Tes délices, je Te rends hommage.

858. Oṁ kalpanā rahitāyai namaḥ
Ô Toi, que le processus de la création, issu d'un mouvement de Ta volonté, n'affecte en rien, je Te rends hommage.

859. Oṁ kāṣṭhāyai namaḥ
Ô Toi, le But suprême, je Te rends hommage.

860. Oṁ akāntāyai namaḥ
Ô Toi qui mets fin à toutes les souffrances, je Te rends hommage.

861. Oṁ kāntārdha vigrahāyai namaḥ
Ô Toi, la moitié du corps de Shiva, Ton époux, je Te rends hommage.

862. Oṁ kārya kāraṇa nirmuktāyai namaḥ
Ô Toi qui transcendes la loi de la causalité, je Te rends hommage.

863. Oṁ kāma keli taraṅgitāyai namaḥ

Ô Déesse qui déborde de joie en compagnie de ton époux Kameshvara, je Te rends hommage.

864. Oṁ kanat kanaka tāṭaṅkāyai namaḥ
Ô Toi qui portes des pendants d'oreille en or, je Te rends hommage.

865. Oṁ līlā vigraha dhāriṇyai namaḥ
Ô Déesse qui, dans Ton jeu cosmique, assume des formes variées, je Te rends hommage.

866. Oṁ ajāyai namaḥ
Ô Toi qui n'es jamais née, je Te rends hommage.

867. Oṁ kṣaya vinirmuktāyai namaḥ
Ô Toi qui ne connais pas non plus le déclin, je Te rends hommage.

868. Oṁ mugdhāyai namaḥ
Ô Déesse, dont la beauté et l'innocence nous captivent, je Te rends hommage.

869. Oṁ kṣipra prasādinyai namaḥ
Ô Toi à qui il est facile de plaire, je Te rends hommage.

870. Oṁ antar mukha samārādhyāyai namaḥ
Ô Déesse qu'il est facile de vénérer lorsqu'on tourne son regard vers l'intérieur, je Te rends hommage.

871. Oṁ bahir mukha sudurlabhāyai namaḥ
Ô Toi qu'il est difficile d'adorer lorsque le regard se tourne vers l'extérieur, je Te rends hommage.

872. Oṁ trayyai namaḥ
Ô Toi qui es les trois Védas, je Te rends hommage.

873. Oṁ trivarga nilayāyai namaḥ
Ô Toi, implicitement présente dans les trois aspects de la vie humaine (*dharma*, *artha* et *kama*), je Te rends hommage.

874. Oṁ tristhāyai namaḥ
Ô Dévi, présente dans le passé, le présent et le futur, je Te rends hommage.

875. Oṁ tripura mālinyai namaḥ
Ô Toi, la divinité des trois cercles du Sri Chakra, je Te rends hommage.

876. Oṁ nirāmayāyai namaḥ
Ô Toi qui es libre des maux de la vie, je Te rends hommage.

877. Oṁ nirālambāyai namaḥ
Ô Toi qui ne dépends de personne, je Te rends hommage.

878. Oṁ svātmārāmāyai namaḥ
Ô Déesse qui goûte la joie de Ton propre Soi, je Te rends hommage.

879. Oṁ sudhāsṛtyai namaḥ
Ô Source du nectar, je Te rends hommage.

880. Oṁ samsāra paṅka nirmagna samuddharaṇa paṇḍitāyai namaḥ
Ô Toi, qui excelles à sauver les humains enlisés dans le marécage du *samsara,* je Te rends hommage.

881. Oṁ yajña priyāyai namaḥ
Ô Déesse qui aime les rituels, je Te rends hommage.

882. Oṁ yajña kartryai namaḥ

Ô Toi qui présides à tous les rituels, je Te rends hommage.

883. Oṁ yajamāna svarūpiṇyai namaḥ
Ô Toi qui prends la forme de celui qui institue les rituels, je Te rends hommage.

884. Oṁ dharmādhārāyai namaḥ
Ô soutien du dharma, je Te rends hommage.

885. Oṁ dhanādhyakṣāyai namaḥ
Ô Toi qui contrôles toutes les richesses, je Te rends hommage.

886. Oṁ dhana dhānya vivardhinyai namaḥ
Ô Toi qui augmentes les richesses et les récoltes, je Te rends hommage.

887. Oṁ vipra priyāyai namaḥ
Ô Toi qui aimes les érudits, je Te rends hommage.

888. Oṁ vipra rūpāyai namaḥ
Ô Toi, qui prends la forme des érudits, je Te rends hommage.

889. Oṁ viśva bhramaṇa kāriṇyai namaḥ
Ô Toi, la cause du mouvement cyclique de l'univers, je Te rends hommage.

890. Oṁ viśva grāsāyai namaḥ
Ô Toi qui dévores l’univers à la fin d’un cycle, je Te rends hommage.

891. Oṁ vidrumābhāyai namaḥ
Ô Dévi au teint de corail, je Te rends hommage.

892. Oṁ vaiṣṇavyai namaḥ
Ô Toi, Vaishnavi, puissance de Vishnou, je Te rends hommage.

893. Oṁ viṣṇu rūpiṇyai namaḥ
Ô Toi, forme de Vishnou, je Te rends hommage.

894. Oṁ ayonyai namaḥ
Ô Déesse qui n’a pas d’autre source que Toi-même, je Te rends hommage.

895. Oṁ yoni nilayāyai namaḥ
Ô Demeure de la puissance qui engendre tout, je Te rends hommage.

896. Oṁ kūṭasthāyai namaḥ
Ô Toi, l’Immuable, je Te rends hommage.

897. Oṁ kula rūpiṇyai namaḥ

Ô Toi, la divinité qui gouverne la voie des Kaulas, je Te rends hommage.

898. Oṁ vīra goṣṭhī priyāyai namaḥ
Ô Toi qui aimes les assemblées de héros (chercheurs spirituels), je Te rends hommage.

899. Oṁ vīrāyai namaḥ
Ô Toi, le Héros, je Te rends hommage.

900. Oṁ naiṣkarmyāyai namaḥ
Ô Toi qui es au-delà de l'action (*karma*), je Te rends hommage.

901. Oṁ nāda rūpiṇyai namaḥ
Ô Toi, le son primordial, je Te rends hommage.

902. Oṁ vijñāna kalanāyai namaḥ
Ô Toi, la réalisation de l'Absolu, je Te rends hommage.

903. Oṁ kalyāyai namaḥ
Ô Dévi, la Puissance créatrice, je Te rends hommage.

904. Oṁ vidagdhāyai namaḥ

Ô Toi, la sagesse manifestée dans toutes les facultés, je Te rends hommage.

905. Oṁ baindavāsanāyai namaḥ
Ô Déesse assise dans le *bindu*, centre du Sri Chakra, je Te rends hommage.

906. Oṁ tattvādhikāyai namaḥ
Ô Toi qui transcendes tous les principes cosmiques, je Te rends hommage.

907. Oṁ tattva mayyai namaḥ
Ô Toi qui contiens tous les principes cosmiques, je Te rends hommage.

908. Oṁ tat tvam artha svarūpiṇyai namaḥ
Ô Toi, l'Un que désignent les mots *tat* et *tvam* dans la parole védique *tat tvam asi,* je Te rends hommage.

909. Oṁ sāma gāna priyāyai namaḥ
Ô Déesse qui aime la récitation du Sama Véda, je Te rends hommage.

910. Oṁ somyāyai namaḥ
Ô Dévi que l'on vénère lors du sacrifice Soma, je Te rends hommage.

911. Oṁ sadāśiva kuṭumbinyai namaḥ

Ô Toi, l'épouse de Sadashiva, je Te rends hommage.

912. **Oṁ savyāpasavya mārgasthāyai namaḥ**
Ô Déesse vers qui mènent les voies *savya* et *apasavya,* je Te rends hommage.

913. **Oṁ sarvāpad vinivāriṇyai namaḥ**
Ô Toi qui protèges de tous les dangers, je Te rends hommage.

914. **Oṁ svasthāyai namaḥ**
Ô Déesse qui demeure en elle-même, je Te rends hommage.

915. **Oṁ svabhāva madhurāyai namaḥ**
Ô Déesse, la douceur est ta nature même, je Te rends hommage.

916. **Oṁ dhīrāyai namaḥ**
Ô Toi qui possèdes la sagesse, je Te rends hommage.

917. **Oṁ dhīra samarcitāyai namaḥ**
Ô Toi que les sages vénèrent de tout leur être, je Te rends hommage.

918. **Oṁ caitanyārghya samārādhyāyai namaḥ**
Ô Toi que l'on adore en offrant sa conscience, je Te rends hommage.

919. Oṁ caitanya kusuma priyāyai namaḥ
Ô Toi qui aimes recevoir en offrande la fleur de la conscience, je Te rends hommage.

920. Oṁ sadoditāyai namaḥ
Ô Toi qui brilles éternellement, je Te rends hommage.

921. Oṁ sadā tuṣṭāyai namaḥ
Ô Toi qui es éternellement satisfaite, je Te rends hommage.

922. Oṁ taruṇāditya pāṭalāyai namaḥ
Ô Toi, rose comme l'aurore, je Te rends hommage.

923. Oṁ dakṣiṇādakṣiṇārādhyāyai namaḥ
Ô Toi que vénèrent les érudits et les illettrés, je Te rends hommage.

924. Oṁ dara smera mukhāmbujāyai namaḥ
Ô Déesse dont le visage de lotus rayonne d'un doux sourire, je Te rends hommage.

925. Oṁ kaulinī kevalāyai namaḥ

Ô Toi, l'objet de vénération ultime de la voie Kaula, je Te rends hommage.

926. Oṁ anarghya kaivalya pada dāyinyai namaḥ
Ô Toi qui confères l'état inestimable de la béatitude et de la libération éternelles, je Te rends hommage.

927. Oṁ stotra priyāyai namaḥ
Ô Toi qui aimes les hymnes de louange, je Te rends hommage.

928. Oṁ stuti matyai namaḥ
Ô Déesse digne de louanges, je Te rends hommage.

929. Oṁ śruti samstuta vaibhavāyai namaḥ
Ô Toi dont les Védas proclament la gloire, je Te rends hommage.

930. Oṁ manasvinyai namaḥ
Ô Toi, l'Unique, je Te rends hommage.

931. Oṁ mānavatyai namaḥ
Ô Toi, dont l'esprit est élevé, je Te rends hommage.

932. Oṁ maheśyai namaḥ

Ô Grande souveraine, je Te rends hommage.

933. Oṁ maṅgalākṛtaye namaḥ
Ô Toi dont la forme est propice, je Te rends hommage.

934. Oṁ viśva mātre namaḥ
Ô Mère de l'univers, je Te rends hommage.

935. Oṁ jagad dhātryai namaḥ
Ô Déesse qui protège l'univers, je Te rends hommage.

936. Oṁ viśālākṣyai namaḥ
Ô Toi, Déesse aux grands yeux, je Te rends hommage.

937. Oṁ virāgiṇyai namaḥ
Ô Déesse libre de tout attachement, je Te rends hommage.

938. Oṁ pragalbhāyai namaḥ
Ô Déesse prodigieusement hardie, je Te rends hommage.

939. Oṁ paramodārāyai namaḥ
Ô Déesse suprêmement généreuse, je Te rends hommage.

940. Oṁ parā modāyai namaḥ
Ô Déesse suprêmement joyeuse, je Te rends hommage.

941. Oṁ manomayyai namaḥ
Ô Toi qui prends la forme du mental, je Te rends hommage.

942. Oṁ vyoma keśyai namaḥ
Ô Toi dont le ciel forme la chevelure, je Te rends hommage.

943. Oṁ vimānasthāyai namaḥ
Ô Déesse assise dans Ton char céleste, je Te rends hommage.

944. Oṁ vajriṇyai namaḥ
Ô Epouse d'Indra, je Te rends hommage.

945. Oṁ vāmakeśvaryai namaḥ
Ô Déesse qui gouverne le Vamakeshvara Tantra, je Te rends hommage.

946. Oṁ pañca yajña priyāyai namaḥ
Ô Déesse qui aime les cinq formes de sacrifice, je Te rends hommage.

947. Oṁ pañca preta mañcādhi śāyinyai namaḥ

Ô Déesse assise sur un siège constitué des cinq cadavres, je Te rends hommage. (Brahma, Vishnou, Roudra, Ishvara et Sadashiva, qui sans Dévi, la *shakti*, sont inactifs).

948. Oṁ pañcamyai namaḥ
Ô Epouse de Sadashiva, le cinquième, je Te rends hommage.

949. Oṁ pañca bhūteśyai namaḥ
Ô Toi qui gouvernes les cinq éléments primordiaux, je Te rends hommage.

950. Oṁ pañca saṅkhyopacāriṇyai namaḥ
Ô Toi que l'on vénère au moyen des cinq offrandes (la pâte de santal parfumée, les fleurs, l'encens, la lampe et la nourriture), je Te rends hommage.

951. Oṁ śāśvatyai namaḥ
Ô Toi, l'Eternelle, je Te rends hommage.

952. Oṁ śāśvataiśvaryāyai namaḥ
Ô Toi dont la souveraineté est éternelle, je Te rends hommage. .

953. Oṁ śarmadāyai namaḥ

Ô Toi qui donnes le bonheur, je Te rends hommage.

954. Oṁ śambhu mohinyai namaḥ
Ô Toi qui enchantes Shambou (Shiva), je Te rends hommage.

955. Oṁ dharāyai namaḥ
Ô Toi, le support de tous les êtres (la terre), je Te rends hommage.

956. Oṁ dhara sutāyai namaḥ
Ô Toi, fille d'Himavan (le roi des montagnes), je Te rends hommage.

957. Oṁ dhanyāyai namaḥ
Ô Déesse suprêmement bénie, je Te rends hommage.

958. Oṁ dharmiṇyai namaḥ
Ô Toi qui es juste, je Te rends hommage.

959. Oṁ dharma vardhinyai namaḥ
Ô Toi qui soutiens le dharma, je Te rends hommage.

960. Oṁ lokātītāyai namaḥ
Ô Toi qui transcendes tous les mondes, je Te rends hommage.

961. Oṁ guṇātītāyai namaḥ
Ô Toi qui transcendes les trois gunas, *tamas*, *rajas* et *sattva*, je Te rends hommage.

962. Oṁ sarvātītāyai namaḥ
Ô Toi qui transcendes tout, je Te rends hommage.

963. Oṁ śamātmikāyai namaḥ
Ô Toi, la paix de l'âme, je Te rends hommage.

964. Oṁ bandhūka kusuma prakhyāyai namaḥ
Ô Toi qui as la grâce délicate de la fleur de Bandhouka, je Te rends hommage.

965. Oṁ bālāyai namaḥ
Ô Dévi éternellement jeune, je Te rends hommage.

966. Oṁ līlā vinodinyai namaḥ
Ô Déesse qui se délecte de son jeu divin (la création), je Te rends hommage.

967. Oṁ sumaṅgalyai namaḥ
Ô Déesse la plus propice, je Te rends hommage.

968. Oṁ sukha karyai namaḥ
Ô Toi qui accordes le bonheur, je Te rends hommage.

969. Oṁ suveṣāḍhyāyai namaḥ
Ô Dévi magnifiquement vêtue, je Te rends hommage.

970. Oṁ suvāsinyai namaḥ
Ô Déesse qui n'est jamais séparée de Ton époux, je Te rends hommage.

971. Oṁ suvāsinyarcana prītāyai namaḥ
Ô Toi, qui Te réjouis quand on pratique un rituel d'adoration devant une femme mariée, je Te rends hommage. (Ce rituel implique que l'on reconnaît dans la femme une manifestation de la déesse.)

972. Oṁ āśobhanāyai namaḥ
Ô Toi dont la splendeur brille dans toutes les directions, je Te rends hommage.

973. Oṁ śuddha mānasāyai namaḥ
Ô Toi dont le mental est pur, je Te rends hommage.

974. Oṁ bindu tarpaṇa santuṣṭāyai namaḥ

Ô Toi qui apprécies les libations offertes au *bindu* (le point au centre du Sri Chakra qui symbolise la Réalité suprême), je Te rends hommage.

975. Oṁ pūrva jāyai namaḥ
Ô Toi, la première née, je Te rends hommage.

976. Oṁ tripurāmbikāyai namaḥ
Ô Mère des trois cités, je Te rends hommage.

977. Oṁ daśa mudrā samārādhyāyai namaḥ
Ô déesse que l'on adore en exécutant les dix *mudras* (gestes sacrés), je Te rends hommage.

978. Oṁ tripurāśrī vaśaṅkaryai namaḥ
Ô Toi qui maîtrises Tripurashri, je Te rends hommage.

979. Oṁ jñāna mudrāyai namaḥ
Ô Toi, le *mudra* de la Connaissance, je Te rends hommage.

980. Oṁ jñāna gamyāyai namaḥ
Ô Toi que l'on atteint grâce à la Connaissance, je Te rends hommage.

981. Oṁ jñāna jñeya svarūpiṇyai namaḥ

Ô Toi qui es à la fois la Connaissance et l'objet de la Connaissance, je Te rends hommage.

982. Oṁ yoni mudrāyai namaḥ

Ô Toi, le mudra de la création, je Te rends hommage.

983. Oṁ trikhaṇḍeśyai namaḥ

Ô Déesse qui gouvernes *trikhanda* (les trois régions de *bramarandhra*, *manipura* et *muladhara*), je Te rends hommage.

984. Oṁ triguṇāyai namaḥ

Ô Déesse pourvue des trois *gunas* de *sattva*, *rajas* et *tamas,* je Te rends hommage.

985. Oṁ ambāyai namaḥ

Ô Mère de tous les êtres, je Te rends hommage.

986. Oṁ trikoṇagāyai namaḥ

Ô Déesse qui réside dans le triangle du Sri Chakra, je Te rends hommage.

987. Oṁ anaghāyai namaḥ
Ô Toi qui es pure de tout péché, je Te rends hommage.

988. Oṁ adbhuta cāritrāyai namaḥ
Ô Toi dont les actions sont merveilleuses, je Te rends hommage.

989. Oṁ vāñchitārtha pradāyinyai namaḥ
Ô Déesse qui comble tous les désirs, je Te rends hommage.

990. Oṁ abhyāsātiśaya jñātāyai namaḥ
Ô Déesse qui ne peut être connue que grâce à une pratique extrêmement intense des disciplines spirituelles, je Te rends hommage.

991. Oṁ ṣaḍadhvātīta rūpiṇyai namaḥ
Ô Toi qui transcendes les six voies de la dévotion, je Te rends hommage.

992. Oṁ avyāja karuṇā mūrtaye namaḥ
Ô Incarnation de la pure compassion, je Te rends hommage.

993. Oṁ ajñāna dhvānta dīpikāyai namaḥ
Ô Toi qui disperses les nuages de l’ignorance, je Te rends hommage.

994. Oṁ ābāla gopa viditāyai namaḥ
Ô Toi que même un enfant ou un pâtre peut comprendre, je Te rends hommage.

995. Oṁ sarvānullaṅghya śāsanāyai namaḥ
Ô Déesse dont nul n'ose transgresser les lois, je Te rends hommage.

996. Oṁ śrīcakra rāja nilayāyai namaḥ
Ô Toi qui demeures dans le Sri Chakra, le roi des *chakras,* je Te rends hommage.

997. Oṁ śrīmat tripura sundaryai namaḥ
Ô divine *tripura sundari,* je Te rends hommage.

998. Oṁ śrī śivāyai namaḥ
Ô Shivaa, déesse bénie (identique à Shiva), je Te rends hommage.

999. Oṁ śiva śaktyaikya rūpiṇyai namaḥ
Ô Toi, la forme de Shiva et de Shakti (qui sont Un), je Te rends hommage.

1000. Oṁ lalitāmbikāyai namaḥ
Ô Mère Lalita. (Elle est la Mère de tous et la création, la préservation et la destruction de l'univers ne sont pour elle qu'un jeu divin), je Te rends hommage.

mantrahīnaṁ kriyāhīnaṁ bhaktihīnaṁ maheśvarī
yadpūjitaṁ mayā devī paripūrṇaṁ tadastute

O Mère, au cours de cette adoration, j'ai peut-être commis beaucoup d'erreurs et d'omissions. J'ai peut-être oublié de réciter de nombreux mantras ou d'accomplir de nombreux rituels. J'ai peut-être effectué cette adoration sans la dévotion ou l'attention requises. Je T'en prie pardonne mes omissions et daigne rendre mon adoration complète, par Ta grâce.

Śrī Lalita Sahasranāma Stotram

Dhyānam

sindūrāruṇa vigrahāṁ tri nayanām māṇikya mauli sphurat
tārānāyaka śekharām smitamukhīm
āpīna vakṣoruhām
pāṇibhyām alipūrṇa ratna caṣakam
raktotpalam bibhratīm
saumyāṁ ratna ghaṭastha rakta caraṇāṁ dhyāyetparāmambikām

dhyāyet padmāsanasthām vikasita vadanām
padma patrāyatākṣīm
hemābhām pītavastrām kara kalita lasad
hema padmām varāṅgim

sarvālaṅkāra yuktām satatam abhayadām
bhaktanamrām bhavānīm
śrīvidyām śāntamūrtīm sakala sura nutāṁ
sarva sampat pradātrīm

sakuṅkuma vilepanām alika cumbi kastūrikām
samanda hasitekṣaṇām saśara cāpa pāśāṅkuśām
aśeṣa jana mohinīm aruṇa mālya bhūṣojvalām
japā kusuma bhāsurām japavidhau smaredambikām

aruṇāṁ karuṇā taraṅgitākṣīṁ
dhṛta pāśāṅkuśa puṣpa bāṇa cāpām
aṇimādibhir āvṛtām mayūkhai
raham ityeva vibhāvaye maheśīm

Śrīmātā śrī mahārājñī śrīmat simhāsan'eśvarī
cidagni kuṇḍa sambhūtā deva kārya samudyatā 1

Udyad bhānu sahasrābhā catur bāhu samanvitā
rāga svarūpa pāśā ḍhyā krodh'ākār'āṅkuś'ojjvalā 2

Mano rūpekṣu kodaṇḍā pañca tanmātra sāyakā
nijāruṇa prabhāpūra majjad brahmāṇḍa maṇḍalā 3

Campak'āśoka punnāga saugandhika lasat kacā
kuruvinda maṇi śreṇī kanat koṭīra maṇḍitā 4

Aṣṭamī candra vibhrāja dalika sthala śobhitā
mukha candra kalaṅkābha mṛga nābhi viśeṣakā 5

Vadana smara māṅgalya gṛha toraṇa cillikā
vaktra lakṣmī parīvāha calan mīnābha locanā 6

Nava campaka puṣpābha nāsā daṇḍa virājitā
tārā kānti tiraskāri nāsābharaṇa bhāsurā 7

Kadamba mañjarī kḷpta karṇa pūra manoharā
tāṭaṅka yugalībhūta tapanoḍupa maṇḍalā 8

Padma rāga śilādarśa paribhāvi kapolabhūḥ
nava vidruma bimba śrī nyakkāri radana cchadā 9

Śuddha vidy'āṅkur'ākāra dvija paṅkti dvay'ojjvalā
karpūra vīṭikāmoda samākarṣi digantarā 10

Nija sallāpa mādhurya vinirbhartsita kacchapī
manda smita prabhā pūra majjat kāmeśa mānasā 11

Anākalita sādṛśya cibuka śrī virājitā
kāmeśa baddha māṅgalya sūtra śobhita kandharā 12

**Kanak'āṅgada keyūra kamanīya bhujānvitā
ratna graiveya cintāka lola muktā phalānvitā 13**

**Kāmeśvara prema ratna maṇi pratipaṇa stanī
nābhyāla vāla romāli latāphala kuca dvayī 14**

**Lakṣya roma latā dhāratā samunneya madhyamā
stana bhāra dalan madhya paṭṭa bandha vali trayā 15**

**Aruṇāruṇa kausumbha vastra bhāsvat kaṭī taṭī
ratna kiṅkiṇikā ramya raśanā dāma bhūṣitā 16**

**Kāmeśa jñāta saubhāgya mārda'voru dvayānvitā
māṇikya mukut'ākāra jānudvaya virājitā 17**

**Indra gopa parikṣipta smara tūṇābha jaṅghikā
gūḍha gulphā kūrma pṛṣṭha jayiṣṇu prapadānvitā 18**

Nakha dīdhiti samchanna namajjana tamoguṇā
pada dvaya prabhājāla parākṛta saroruhā 19

Śiñjāna maṇi mañjīra maṇḍita śrī padāmbujā
marālī manda gamanā mahālāvaṇya śevadhiḥ 20

Sarv'āruṇ'ā navadyāṅgī sarv'ābharaṇa bhūṣitā
śiva kāmeśvar'āṅkasthā śivā svādhīna vallabhā 21

Sumeru madhya śṛṅgasthā śrīman nagara nāyikā
cintāmaṇi gṛh'āntasthā pañca brahm'āsana sthitā 22

Mahā padmāṭavī samsthā kadamba vana vāsinī
sudhā sāgara madhyasthā kāmākṣī kāmadāyinī 23

Devarṣi gaṇa saṅghāta stūyamānātma vaibhavā
bhaṇḍāsura vadh'odyukta śakti senā samanvitā 24

Sampatkarī samārūḍha sindhura vraja sevitā
aśvārūḍh'ādhiṣṭhitāśva koṭi koṭibhir āvṛtā 25

Cakrarāja rathārūḍha sarvāyudha pariṣkṛtā
geya cakra rath'ārūḍha mantriṇī parisevitā 26

Kiricakra rathārūḍha daṇḍanāthā puraskṛtā
jvālā mālinik'ākṣipta vahni prākāra madhyagā 27

Bhaṇḍa sainya vadh'odyukta śakti vikrama harṣitā
nityā parākram'āṭopa nirīkṣaṇa samutsukā 28

Bhaṇḍaputra vadh'odyukta bālā vikrama nanditā
mantriṇyambā viracita viṣaṅga vadha toṣitā 29

Viśukra prāṇa harana vārāhī vīrya nanditā
kāmeśvara mukhāloka kalpita śrīgaṇeśvarā 30

Mahā gaṇeśa nirbhinna vighna yantra praharṣitā
bhaṇḍ āsurendra nirmukta śastra pratyastra varṣiṇī 31

Karāṅguli nakh otpanna nārāyaṇa daśākṛtiḥ
mahā pāśupat'āstrāgni nirdagdh āsura sainikā 32

Kāmeśvar'āstra nirdagdha sabhaṇḍ'āsura śūnyakā
brahm'opendra mahendr'ādi deva samstuta vaibhavā 33

Haranetrāgni samdagdha kāma sañjīvan'auṣadhiḥ
śrīmad vāgbhava kūṭaika svarūpa mukha paṅkajā 34

Kaṇṭhādhaḥ kaṭi paryanta madhya kūṭa svarūpiṇī
śakti kūṭ'aikat'āpanna kaṭy'adhobhāga dhāriṇī 35

Mūla mantr'ātmikā mūla kūṭa traya kalebarā
kul'āmṛtaika rasikā kula samketa pālinī 36

Kulāṅganā kul'āntasthā kaulinī kulayoginī
akulā samay'āntasthā samay'ācāra tatparā 37

Mūlādhāraika nilayā brahma granthi vibhedinī
maṇi pūr'āntaruditā viṣṇu granthi vibhedinī 38

Ājñā cakr'āntarālasthā rudra granthi vibhedinī
sahasrār'āmbuj'ārūḍhā sudhā sārābhi varṣiṇī 39

Taḍil latā samarucih ṣaṭ cakr'opari samsthitā
mahā saktiḥ kuṇḍalinī bisatantu tanīyasī 40

Bhavānī bhāvanāgamyā bhavāraṇya kuṭhārikā
bhadra priyā bhadra mūrtir bhakta saubhāgya dāyinī 41

Bhakti priyā bhakti gamyā bhakti vaśyā bhay āpahā
śāmbhavī śārad'ārādhyā śarvāṇī śarma dāyinī 42

Śāṁkarī śrīkarī sādhvī śarac candra nibhānanā
śātodarī śāntimatī nirādhārā nirañjanā 43

Nirlepā nirmalā nityā nirākārā nirākulā
nirguṇā niṣkalā śāntā niṣkāmā nirupaplavā 44

Nitya muktā nirvikārā niṣprapañcā nirāśrayā
nitya śuddhā nitya buddhā niravadyā nirantarā 45

Niṣkāraṇā niṣkalaṅkā nirupādhir nirīśvarā
nīrāgā rāga mathanī nirmadā mada nāśinī 46

Niścintā nirahamkārā nirmohā moha nāśinī
nirmamā mamatā hantrī niṣpāpā pāpa nāśinī 47

Niṣkrodhā krodha śamanī nirlobhā lobha nāśinī
niḥ samśayā samśaya ghnī nirbhavā bhava nāśinī 48

Nirvikalpā nirābādhā nirbhedā bheda nāśinī
nirnāśā mṛtyu mathanī niṣkriyā niṣparigrahā 49

Nistulā nīla cikurā nirapāyā niratyayā
durlabhā durgamā durgā duḥkha hantrī sukha pradā 50

Duṣṭadūrā durācāra śamanī doṣa varjitā
sarvajñā sāndrakaruṇā samānādhika varjitā 51

Sarva śaktimayī sarva maṅgalā sad gati pradā
sarv'eśvarī sarvamayī sarva mantra svarūpiṇī 52

Sarva yantr'ātmikā sarva tantra rūpā manonmanī
māheśvarī mahādevī mahālakṣmī mṛḍapriyā 53

Mahārūpā mahāpūjyā mahā pātaka nāśinī
mahāmāyā mahāsattvā mahā śaktir mahā ratiḥ 54

Mahābhogā mah'aiśvaryā mahāvīryā mahābalā
mahābuddhir mahāsiddhir mahāyog'eśvar'eśvarī 55

Mahātantrā mahāmantrā mahāyantrā mahāsanā
mahāyāga kram'ārādhyā mahā bhairava pūjitā 56

Maheśvara mahākalpa mahātāṇḍava sākṣiṇī
mahākāmeśa mahiṣī mahātripura sundarī 57

Catuḥ ṣaṣṭyupacārāḍhyā catuṣ ṣaṣṭi kalāmayī
mahācatuḥ ṣaṣṭikoṭi yoginī gaṇasevitā 58

Manuvidyā candravidyā candramaṇḍala madhyagā
cārurūpā cāruhāsā cārucandra kalādharā 59

Carācara jagannāthā cakrarāja niketanā
pārvatī padmanayanā padmarāga samaprabhā 60

Pañcapretāsanāsīnā pañca brahma svarūpiṇī
cinmayī paramānandā vijñāna ghana rūpiṇī 61

Dhyāna dhyātṛ dhyeyarūpā dharmādharma vivarjitā
viśva rūpā jāgariṇī svapantī taijasātmikā 62

Suptā prājñātmikā turyā sarvāvasthā vivarjitā
sṛṣṭikartrī brahmarūpā goptrī govindarūpiṇī 63

Samhāriṇī rudrarūpā tirodhānakarīśvarī
sadāśivā' nugrahadā pañca kṛtyaparāyaṇā 64

Bhānumaṇḍala madhyasthā bhairavī bhagamālinī
padm'āsanā bhagavatī padma nābha sahodarī 65

Unmeṣa nimiṣ'otpanna vipanna bhuvanāvalī
sahasra śīrṣa vadanā sahasrākṣī sahasrapāt 66

Ābrahma kīṭa jananī varṇāśrama vidhāyinī
nij'ājñā rūpa nigamā puṇy'āpuṇya phala pradā 67

Śruti sīmanta sindūrī kṛta pādābja dhūlikā
sakal'āgama sandoha śukti sampuṭa mauktikā 68

Puruṣārtha pradā pūrṇā bhoginī bhuvaneśvarī
ambik'ānādi nidhanā hari brahm'endra sevitā 69

Nārāyaṇī nādarūpā nāmarūpa vivarjitā
hrīṅkārī hrīmatī hṛdyā hey'opādeya varjitā 70

Rāja rāj'ārcitā rājñī ramyā rājīva locanā
rañjanī ramaṇī rasyā raṇat kiṅkiṇi mekhalā 71

Ramā rākendu vadanā ratirūpā ratipriyā
rakṣākarī rākṣasaghnī rāmā ramaṇa lampaṭā 72

Kāmyā kāmakalārūpā kadamba kusuma priyā
kalyāṇī jagatī kandā karuṇā rasa sāgarā 73

Kalāvatī kalālāpā kāntā kādambarī priyā
varadā vāmanayanā vāruṇī mada vihvalā 74

Viśvādhikā vedavedyā vindh'yācala nivāsinī
vidhātrī vedajananī viṣṇumāyā vilāsinī 75

Kṣetrasvarūpā kṣetreśī kṣetra kṣetrajña pālinī
kṣayavṛddhi vinirmuktā kṣetrapāla samarcitā 76

Vijayā vimalā vandyā vandāru jana vatsalā
vāgvādinī vāmakeśī vahni maṇḍala vāsinī 77

Bhaktimat kalpalatikā paśu pāśa vimocinī
samhṛt'āśeṣa pāṣaṇḍā sadācāra pravartikā 78

Tāpa tray'āgni santapta sam'āhlādana candrikā
taruṇī tāpas'ārādhyā tanu madhyā tamopahā 79

Citis tatpada lakṣy'ārthā cid'ekarasa rūpiṇī
svātm'ānanda lavībhūta brahm'ādy'ānanda santatiḥ 80

Parā pratyak citīrūpā paśyantī para devatā
madhyamā vaikharī rūpā bhakta mānasa hamsikā 81

Kāmeśvara prāṇanāḍī kṛtajñā kāmapūjitā
śṛṅgāra rasa sampūrṇā jayā jālandharasthitā 82

Oḍyāṇa pīṭha nilayā bindu maṇḍala vāsinī
raho yāga kram'ārādhyā rahas tarpaṇa tarpitā 83

Sadyaḥ prasādinī viśva sākṣiṇī sākṣi varjitā
ṣaḍ aṅga devatā yuktā ṣāḍ guṇya paripūritā 84

Nitya klinnā nirupamā nirvāṇa sukha dāyinī
nityā ṣoḍaśikā rūpā śrīkaṇṭhārdha śarīriṇī 85

Prabhāvatī prabhārūpā prasiddhā param'eśvarī
mūla prakṛtir avyaktā vyakt'ā vyakta svarūpiṇī 86

Vyāpinī vividh'ākārā vidy'āvidyā svarūpiṇī
mahā kāmeśa nayana kumud'āhlāda kaumudī 87

Bhakta hārda tamo bheda bhānumad bhānu santatiḥ
śiva dūtī śivārādhyā śivamūrtiḥ śivaṁ karī 88

Śivapriyā śivaparā śiṣṭeṣṭā śiṣṭapūjitā
aprameyā sva prakāśā mano vācām agocarā 89

Cicchaktiś cetanā rūpā jaḍaśaktir jaḍātmikā
gāyatrī vyāhṛtiḥ sandhyā dvijavṛnda niṣevitā 90

Tattv'āsanā tatvamayī pañca koś'āntara sthitā
niḥsīma mahimā nitya yauvanā mada śālinī **91**

Mada ghūrṇita raktākṣī mada pāṭala gaṇḍa bhūḥ
candana drava digdhāṅgī cāmpeya kusuma priyā **92**

Kuśalā komal'ākārā kurukullā kuleśvarī
kula kuṇḍ'ālayā kaula mārga tatpara sevitā **93**

Kumāra gaṇa nāth'āmbā tuṣṭiḥ puṣṭir matir dhṛtiḥ
śāntiḥ svastimatī kāntir nandinī vighna nāśinī **94**

Tejovatī trinayanā lolākṣī kāmarūpiṇī
mālinī haṁsinī mātā malayācala vāsinī **95**

Sumukhī nalinī subhrūḥ śobhanā suranāyikā
kālakaṇṭhī kāntimatī kṣobiṇī sūkṣma rūpiṇī **96**

Vajr'eśvarī vāmadevī vay'ovasthā vivarjitā
siddh'eśvarī siddha vidyā siddha mātā yaśasvinī **97**

Viśuddhi cakra nilay'āraktavarṇā tri'locanā
khaṭvāṅgādi praharaṇā vadan'aika samanvitā **98**

Pāyasānna priyā tvaksthā paśuloka bhayaṅkarī
amṛtādi mahāśakti saṁvṛtā ḍākin'īśvarī **99**

Anāhatābja nilayā śyāmābhā vadanadvayā
damṣṭr'ojjval'ākṣa mālādi dharā rudhira samsthitā **100**

Kāla rātryādi śakty'augha vṛtā snigdh'audana priyā
mahā vīrendra varadā rākiṇyambā svarūpinī **101**

Maṇipūr'ābja nilayā vadanatraya samyutā
vajrādik'āyudhopetā ḍāmaryādibhir āvṛtā **102**

Rakta varṇā māṁsa niṣṭhā guḍānna prīta mānasā
samasta bhakta sukhadā lākiny'ambā svarūpiṇī 103

Svādhiṣṭhān'āmbuja gatā catur vaktra manoharā
śūl'ādy'āyudha sampannā pītavarṇ'ātigarvitā 104

Medo niṣṭhā madhu prītā bandhiny'ādi samanvitā
dadhy'an n'āsakta hṛdayā kākinī rūpa dhāriṇī 105

Mūlādhār'āmbuj'ārūḍhā pañca vaktr'āsthi samsthitā
aṅkuśādi praharaṇā varadādi niṣevitā 106

Mudg'audan'āsakta cittā sākiny'ambā svarūpiṇī
ājñā cakrābja nilayā śukla varṇā ṣad ānanā 107

Majjā samsthā hamsavatī mukhya śakti samanvitā
haridrān'n aika rasikā hākinī rūpa dhāriṇī 108

Sahasra dala padmasthā sarva varṇ'opa śobhitā
sarv'āyudha dharā śukla samsthitā sarvatomukhī 109

Sarvaudana prītacittā yākiny'ambā svarūpiṇī
svāhā svadh'ā matir medhā śruti smṛtir anuttamā 110

Puṇya kīrtiḥ puṇya labhyā puṇya śravaṇa kīrtanā
pulomaj'ārcitā bandha mocanī barbarālakā 111

Vimarśa rūpiṇī vidyā viyad ādi jagat prasūḥ
sarva vyādhi praśamanī sarva mṛtyu nivāriṇī 112

Agragaṇy'ācintya rūpā kali kalmaṣa nāśinī
kātyāyanī kālahantrī kamalākṣa niṣevitā 113

Tāmbūla pūrita mukhī dāḍimī kusuma prabhā
mṛgākṣī mohinī mukhyā mṛḍānī mitra rūpiṇī 114

Nitya tṛptā bhakta nidhir niyantrī nikhileśvarī
maitry'ādi vāsanālabhyā mahā pralaya sākṣiṇī 115

Parāśaktiḥ parāniṣṭhā prajñāna ghana rūpiṇī
mādhvī pān'ālasā mattā mātṛkā varṇa rūpiṇī 116

Mahākailāsa nilayā mṛṇāla mṛdu dorlatā
mahanīyā dayāmūrtir mahā sāṁrājya sālinī 117

Ātmavidyā mahāvidyā śrīvidyā kāma sevitā
śrī ṣoḍaś'ākṣarī vidyā trikūṭā kāma koṭikā 118

Kaṭākṣa kiṅkarī bhūta kamalā koṭi sevitā
siraḥsthitā candra nibhā bhālasth'endra dhanuḥ prabhā119

Hṛdayasthā ravi prakhyā trikoṇ'āntara dīpikā
dākṣāyaṇī daitya hantrī dakṣa yajña vināśinī 120

Darāndolita dīrghākṣī dara hā'sojjvalan mukhī
guru mūrtir guṇanidhir gomātā guha janma bhūḥ 121

Deveśī daṇḍa nītisthā dahar'ākāśa rūpiṇī
pratipan mukhya rākānta tithi maṇḍala pūjitā 122

Kal'ātmikā kalā nāthā kāvy'ālāpa vinodinī
sacāmara ramā vāṇī savya dakṣiṇa sevitā 123

Ādiśaktir'amey'ātmā paramā pāvanākṛtiḥ
aneka koṭi brahmāṇḍa jananī divya vigrahā 124

Klīṁkārī kevalā guhyā kaivalya pada dāyinī
tripurā trijagad vandyā trimūrtir tridaśeśvarī 125

Tryakṣarī divya gandhāḍhyā sindūra tilakāñcitā
umā śailendra tanayā gaurī gandharva sevitā 126

Viśva garbhā svarṇa garbhā'varadā vāg adhīśvarī
dhyānagamyā'paricchedyā jñānadā jñāna vigrahā 127

Sarva vedānta saṁvedyā saty'ānanda svarūpiṇī
lopāmudr'ārcitā līlā'kḷpta brahmāṇḍa maṇḍalā 128

Adṛśyā dṛśya rahitā vijñātrī vedya varjitā
yoginī yogadā yogyā yog'ānandā yugandharā 129

Icchāśakti jñānaśakti kriyāśakti svarūpiṇī
sarvādhārā supratiṣṭhā sad asad rūpa dhāriṇī 130

Aṣṭamūrtir ajājaitrī lokayātrā vidhāyinī
ekākinī bhūmarūpā nirdvaitā dvaita varjitā 131

Annadā vasudā vṛddhā brahm'ātmaikya svarūpiṇī
bṛhatī brahmāṇī brāhmī brahm'ānandā balipriyā 132

Bhāṣārūpā bṛhat senā bhāv ābhāva vivarjitā
sukh'ārādhyā śubhakarī śobhanā sulabhā gatiḥ 133

Rāja rājeśvarī rājya dāyinī rājya vallabhā
rājat kṛpā rāja pīṭha niveśita nijāśritā 134

Rājyalakṣmīḥ kośanāthā caturaṅga baleśvarī
sāmrājya dāyinī satyasandhā sāgaramekhalā 135

Dīkṣitā daity'aśamanī sarva loka vaśaṅkarī
sarvārtha dātrī sāvitrī sac cidānanda rūpiṇī 136

Deśa kālāparic chinnā sarvagā sarva mohinī
sarasvatī śāstramayī guhāmbā guhya'rūpiṇī 137

Sarv'opādhi vinirmuktā sadāśiva pativratā
sampradāy'eśvarī sādhvī guru maṇḍala rūpiṇī 138

Kulottīrṇā bhag'ārādhyā māyā madhumatī mahī
gaṇ'āmbā guhyak'ārādhyā komal'āṅgī gurupriyā 139

Svatantrā sarva tantreśī dakṣinā mūrti rūpiṇī
sanakādi sam'ārādhyā śivajñāna pradāyinī 140

Citkal ānanda kalikā premarūpā priyaṅkarī
nāma pārāyaṇa prītā nandividyā naṭeśvarī 141

Mithyā jagad adhiṣṭhānā muktidā muktirūpiṇī
lāsyapriyā layakarī lajjā rambhādi vanditā 142

Bhava dāva sudhā vṛṣṭiḥ pāp'āraṇya davānalā
daurbhāgya tūlavātūlā jarā dhvāntara viprabhā 143

Bhāgy'ābdhi candrikā bhakta citta keki ghanāghanā
roga parvata dambholir mṛtyu dāru kuṭhārikā 144

Maheśvarī mahākālī mahāgrāsā mahāśanā
aparṇā caṇḍikā caṇḍa muṇḍāsura niṣūdinī 145

Kṣar'ākṣar'ātmikā sarva lokeśī viśva dhārinī
trivarga dātrī subhagā tryambakā triguṇ'ātmikā 146

Svarg'ā pavarga dā śuddhā japā puṣpa nibhākṛtiḥ
ojovatī dyuti dharā yajña rūpā priyavratā 147

Dur'ārādhyā dur'ādharṣā pāṭalī kusuma priyā
mahatī meru nilayā mandāra kusuma priyā 148

Vīr'ārādhyā virāḍ rūpā viraja viśvato mukhī
pratyag rūpā parākāśā prāṇadā prāṇa rūpiṇī 149

Mārtaṇḍa bhairav'ārādhyā mantriṇī nyasta rājya dhūḥ
tripureśī jayatsenā nistraiguṇyā parāparā 150

Satya'jñ'ānānanda rūpā sāmarasya parāyaṇā
kapardinī kalāmālā kāmadhuk kāma rūpiṇī 151

Kalā nidhiḥ kāvya kalā rasajñā rasa śevadhiḥ
puṣṭā purātanā pūjyā puṣkarā puṣkar'ekṣaṇā 152

Param jyotiḥ param dhāma param'āṇuḥ parāt parā
pāśa hastā pāśa hantrī para mantra vibhedinī 153

Mūrt'amūrt'ānitya tṛptā muni mānasa hamsikā
satyavratā satyarūpā sarv'āntaryāminī satī 154

Brahmāṇī brahma jananī bahu rūpā budh'ārcitā
prasavitrī pracaṇḍājñā pratiṣṭhā prakaṭākṛtiḥ 155

Prāṇeśvarī prāṇa dātrī pañcāśat pīṭha rūpiṇī
viśṛṅkhalā viviktasthā vīra mātā viyat prasūḥ 156

Mukundā mukti nilayā mūla vigraha rūpiṇī
bhāvajñā bhava rogaghnī bhava cakra pravartinī 157

Chandaḥ sārā śāstra sārā mantra sārā talodarī
udāra kīrtir uddāma vaibhavā varṇarūpiṇī 158

Janma mṛtyu jarā tapta jana viśrānti dāyinī
sarv'opaniṣad udghuṣṭā śānty'atīta kalātmikā 159

Gambhīrā gaganāntaḥsthā garvitā gānalolupā
kalpanā rahitā kāṣṭh'ākāntā kānt ārdha vigrahā 160

Kārya kāraṇa nirmuktā kāmakeli taramgitā
kanat kanaka tāṭaṅkā līlā vigraha dhāriṇī 161

Ajā kṣaya vinirmuktā mugdhā kṣipra prasādinī
antar mukha samārādhyā bahir mukha sudurlabhā 162

**Trayī trivarga nilayā tristhā tripura mālinī
nirāmayā nirālambā svātm'ārāmā sudhās'ṛtiḥ 163**

**Samsāra paṅka nirmagna samuddharaṇa paṇḍitā
yajñapriyā yajñakartrī yajamāna svarūpiṇī 164**

**Dharmādhārā dhan'ādhyakṣā dhana dhānya vivardhinī
vipra priyā vipra rūpā viśva bhramaṇa kāriṇī 165**

**Viśva grāsā vidrum'ābhā vaiṣṇavī viṣṇu rūpiṇī
ayonir yoni nilayā kūṭasthā kularūpiṇī 166**

**Vīragoṣṭhī priyā vīrā naiṣkarmyā nādarūpiṇī
vijñāna kalanā kalyā vidagdhā baindav'āsanā 167**

**Tattvādhikā tattvamayī tattvamartha svarūpiṇī
sāmagāna priyā somyā sadāśiva kuṭumbinī 168**

Savy'āpasavya mārgasthā sarv'āpad vinivāriṇī
svasthā svabhāva madhurā dhīrā dhīra samarcitā 169

Caitany'ārghya samārādhyā caitanya kusuma priyā
sad oditā sadā tuṣṭā taruṇ āditya pāṭalā 170

Dakṣiṇā dakṣiṇārādhyā darasmera mukhāmbujā
kaulinī keva'lānarghya kaivalya pada dāyinī 171

Stotra priyā stutimatī śruti samstuta vaibhavā
manasvinī mānavatī maheśī maṅgal'ākṛtiḥ 172

Viśvamātā jagad dhātrī viśālākṣī virāgiṇī
pragalbhā param'odārā parāmodā manomayī 173

Vyomakeśī vimānasthā vajriṇī vāmakeśvarī
pañca yajña priyā pañca preta mañc'ādhiśāyinī 174

Pañcamī pañcabhūteśī pañca saṅkhyopacāriṇī
śāśvatī śāśvat aiśvaryā śarmadā śambhu mohinī 175

Dharā dhara sutā dhanyā dharmiṇī dharma vardhinī
lok'ātītā guṇ'ātītā sarv'ātītā śam'ātmikā 176

Bandhūka kusuma prakhyā bālā līlā vinodinī
sumaṅgalī sukhakarī suveṣāḍhyā suvāsinī 177

Suvāsinyarcana prītā' śobhanā śuddha'mānasā
bindu tarpaṇa santuṣṭā pūrvajā tripur'āmbikā 178

Daśamudrā samārādhyā tripurāśrī vaśaṅkarī
jñāna mudrā jñāna gamyā jñāna jñeya svarūpiṇī 179

Yonimudrā trikhaṇḍeśī triguṇ'āmbā trikoṇagā
anagh'ādbhuta cāritrā vāñchitārtha pradāyinī 180

Abhyās ātiśaya jñātā ṣaḍadhv’ātīta rūpiṇī
avyāja karuṇā mūrtir ajñāna dhvānta dīpikā 181

Ābāla gopa viditā sarv’ānullaṅghya śāsanā
śrīcakrarāja nilayā śrīmat tripurasundarī 182

Śrī śivā śiva śaktyaikya rūpiṇī lalit’āmbikā

Iti śrī brahmāṇḍapurāṇe uttarakaṇḍe śrī hayagrīvāgastya samvāde
śri lalitāsahasranāma stotra kathanam sampūrṇam

Mahishasura Mardini Stotram

Ayi giri nandini nandita medini viśva vinodini nandanute
girivara vindhya śiro'dhi nivāsini viṣṇu vilāsini jiṣṇunute /
bhagavati he śitikaṇṭha kuṭumbini bhūri kuṭumbini bhūrikṛte
jaya jaya he mahiṣāsura mardini ramya kapardini śailasute |1|

Salutations, O Mère ! Tu es le délice suprême de Ton père (l'Himalaya) puisque c'est Toi qui as créé l'univers entier, comme par jeu. Tu es le bonheur de tous les êtres de la création. Même Nandi (la monture de Shiva) chante Ta gloire, Toi qui demeures sur les sommets élevés de la grande chaîne de montagne Vindhya. C'est de Toi que Vishnu tient son pouvoir créateur et c'est encore Toi que prie le grand dieu Indra lui-même. Pour Toi, le monde entier est une seule famille.

Suravara varṣiṇi durdhara dharṣiṇi durmukha marṣiṇi harṣarate
tribhuvana poṣiṇi śaṅkara toṣiṇi kalmaṣa moṣiṇi ghoṣarate /

danujani roṣiṇi ditisuta roṣiṇi durmada śoṣiṇi sindhusute
jaya jaya he mahiṣāsura mardini ramya kapardini śailasute |2|

Puisses-Tu remporter la victoire, O Mère ! Tu répands des faveurs sur tous les dieux. C'est Toi qui as vaincu le géant Dhurdhara et le méchant Durmukha. Etablie dans la béatitude éternelle, Tu enchantes tous les êtres et Tu préserves les trois mondes. Tu es la béatitude du grand dieu Shiva. Les cris de guerre des démons (asuras) ayant provoqué Ta rage, Tu les as anéantis. Tu ne tolères pas les méchants. Tu fus le véhicule de la mort pour l'orgueilleux Durmada, Ô fille de l'océan.

3. Ayi jagadamba madamba kadamba vana priya vāsini hāsarate
śikhari śiromaṇi tuṅga himālaya śṛṅgani jālaya madhyagate /
madhu madhure madhu kaiṭabha gañjini kaiṭabha bhañjini rāsarate
jaya jaya he mahiṣāsura mardini ramya kapardini śailasute |3|

Puisses-Tu remporter la victoire, O Mère ! Tu es ma Mère, Tu es aussi la Mère universelle de l'ensemble de la création. La forêt Kadamba est ton lieu de résidence sacré. Tu demeures aussi sur les pics majestueux des montagnes de l'Himalaya. Un sourire gracieux, plus doux que le miel, orne Ton beau visage. Tu as détruit les démons Madhu et Kaitabha. Tu purifies Tes dévots de leurs impuretés et la danse divine rasa Te réjouit.

Ayi śata khaṇḍa vikhaṇḍita ruṇḍa vituṇḍita śuṇḍa gajādhipate
ripu gaja gaṇḍa vidāraṇa caṇḍa parā krama śauṇḍa mṛgādhipate /
nija bhuja daṇḍa nipātita caṇḍa vipātita muṇḍa bhaṭādhipate
jaya jaya he mahiṣāsura mardini ramya kapardini śailasute |4|

Gloire à Toi, O Mère ! A l'aide de l'arme Shatakhanda, Tu as décapité Tes ennemis les démons et les as réduits en centaines de morceaux. Ta monture, le lion, a détruit les immenses éléphants de Tes ennemis pendant que, de Tes mains puissantes, Tu anéantissais les armées des démons à coups de poing mortels.

Ayi raṇa durmada śatru vadhodita durdhara nirjara śakti bhṛte
catura vicāra dhurīṇa mahāśiva dūta kṛta pramathā dhipate/

durita durīha durāśaya durmati dānava dūta kṛtānta mate
jaya jaya he mahiṣāsura mardini ramya kapardini śailasute |5|

En anéantissant les hordes de démons, Tu as réduit le lourd fardeau que portait notre Mère la Terre. Tu as choisi Shiva, le yogi tourné vers l'intérieur comme messager de paix mais en dernier ressort, Tu as détruit les mauvaises intentions des démons.

Ayi śaraṇāgata vairi vadhūvara vīravar ābhaya dāyakare
tribhuvana mastaka śūla virodhi śiro'dhi kṛtāmala śūla kare/
dumi dumi tāmara dundubhi nādam aho mukharī kṛta diṅgikare
jaya jaya he mahiṣāsura mardini ramya kapardini śailasute |6|

Oh Mère ! Tu as accordé des faveurs aux épouses des démons qui ont pris refuge en Toi. Mais Tu T'es montrée implacable envers les autres démons qui constituaient une menace pour la création et Tu les as décapités à l'aide de Ton trident.Cet acte fut loué par les dieux qui jouèrent sur leur tambours, remplissant la création entière du son rythmique de leurs instruments.

Ayi nija huṃkṛti mātra nirākṛta dhūmra vilocana dhūmraśate
samara viśoṣita śoṇita bīja samud bhava śoṇita bīja late /
śiva śiva śumbha niśumbha mahāhava tarpita bhūta piśācapate
jaya jaya he mahiṣāsura mardini ramya kapardini śailasute |7|

O Mère ! Comme par miracle, il T'a suffit de prononcer à voix haute la syllabe « Hum » pour réduire en cendres Dhumralochana et ses méchants alliés. Tu as détruit Raktabija et ses complices et Tu as lutté avec vaillance contre Sumbha and Nisumbha que Tu as réussi à tuer. Cette action plut à Shiva, le dieu des fantômes et des esprits.

Dhanu ranu ṣaṅga raṇakṣaṇa saṅga parisphura daṅga naṭatkaṭake
kanaka piśaṅga pṛṣatka niṣaṅga rasad bhaṭa śṛṅga hatā baṭuke/

kṛta caturaṅga balakṣiti raṅga ghaṭad bahuraṅga raṭad baṭuke
jaya jaya he mahiṣāsura mardini ramya kapardini śailasute |8|

O Mère ! Quand Tu brandissais des armes au cours de la bataille, le combat était rythmé par le tintement de tes bracelets. Les clochettes attachées à Ta ceinture brillaient et aveuglaient Tes ennemis. D'immenses oiseaux de proie planaient au-dessus des cadavres de Tes ennemis, éparpillés sur le champ de bataille.

Sura lalanā tatatho tatatho tatatho bhinayottara nṛtya rate
kṛta kukutho kukutho gaḍadādika tāla kutūhala gāna rate /
dhudhukuṭa dhukuṭa dhimdhimita dhvani dhīra mṛdaṅga nināda rate
jaya jaya he mahiṣāsura mardini ramya kapardini śailasute |9|

O Mère, Toi la Source du son, Tu Te réjouis en regardant les danseurs célestes évoluer au rythme des sons « tatato-tatato-tatato » et « kukutha-kukutha-kukutha » et « ga-ga-dha ». Leurs tambours battent au son de « kuthu-dhukuta-dhimi ».

Jaya jaya japya jaye jaya śabda para stuti tatpara viśva nute
jhaṇa jhaṇa jhiṃ jhimi jhiṃkṛta nūpura śiñjita mohita bhūtapate /
naṭita naṭārdha naṭī naṭa nāyaka nāṭita nāṭya sugānarate
jaya jaya he mahiṣāsura mardini ramya kapardini śailasute |10|

Oh Mère ! Tous les dévots chantent « Victoire ! Victoire ! » Tu danses en union avec Shiva pendant sa danse tandava et Il se réjouit d'entendre le tintement de Tes bracelets de chevilles.

Ayi sumanaḥ sumanaḥ sumanaḥ sumanaḥ sumanohara kāntiyute
śritarajanī rajanī rajanī rajanī rajanī kara vaktrayute /
sunayana vibhramara bhramara bhramara bhramara bhramarādhipate
jaya jaya he mahiṣāsura mardini ramya kapardini śailasute |11|

Oh Mère ! Les Dévas T'offrent mentalement des fleurs en adoration et Ta captivante beauté prend la forme des fleurs qu'ils visualisent. Ton visage est pareil au lotus qui flotte sur un lac illuminé par le clair de lune. Les mèches de Tes cheveux volettent comme des abeilles, ajoutant encore à la beauté de Tes yeux.

Mahita mahāhava malla matallika vallita rallaka bhallirate
viracita vallika pallika mallika jhillika bhillika vargavṛte /
sitakṛta phulla samulla sitāruṇa tallaja pallava sallalite
jaya jaya he mahiṣāsura mardini ramya kapardini śailasute |12|

O Mère ! Quand les guerriers se saisissent de leurs armes sur un champ de bataille, Tu veilles sur eux. Tu es le refuge des habitants des montagnes et des tribus qui vivent sous des tonnelles. Quand les douze Aditis Te servent, Tu brilles avec encore plus d'éclat.

Avirala gaṇḍa galanmada medura matta mataṅgaja rājapate
tribhuvana bhūṣaṇa bhūta kalānidhi rūpa payonidhi rājasute/

ayi sudatī jana lālasa mānasa mohana manmatha rājasute
jaya jaya he mahiṣāsura mardini ramya kapardini śailasute |13|

O Mère ! Ta démarche majestueuse est semblable à celle du roi des éléphants ; les richesses s'écoulent en abondance de ton temple. Sous la forme de Maha Lakshmi, Tu as surgi de l'océan en même temps que la Lune qui orne les trois mondes. Manmatha, qui rend les jeunes filles amoureuses, éprouve envers Toi une terreur sacrée car il est incapable de Te rendre esclave du désir.

Kamala dalāmala komala kānti kalā kalitāmala bhālalate
sakala vilāsa kalā nilaya krama keli calat kala haṃsakule /
alikula saṅkula kuvalaya maṇḍala maulimilad bakulā likule
jaya jaya he mahiṣāsura mardini ramya kapardini śailasute |14|

O Mère ! Ton front magnifique, large et sans pareil, brille avec plus d'éclat que les pétales du lotus. Tes mouvements gracieux évoquent les cygnes. La fleur Bakula qui orne la cascade de tes cheveux attire des essaims d'abeilles.

Kara muralī rava vījita kūjita lajjita kokila mañjumate
milita pulinda manohara guñjita rañjita śaila nikuñja gate /
nijaguṇa bhūta mahāśabarī gaṇa sad guṇa sambhṛta kelirate
jaya jaya he mahiṣāsura mardini ramya kapardini śailasute |15|

O Mère ! En entendant les notes mélodieuses qui émanent de Ta flûte, le coucou cesse de chanter. Dans le jardin Kalisha, Tu veilles sur les femmes chasseresses qui Te vénèrent et les abeilles bourdonnent doucement.

Kaṭitaṭa pīta dukūla vicitra mayūkha tiraskṛta candraruce
praṇata surāsura mauli maṇisphura daṃśu lasannakha candraruce /
jita kanakācala mauli madorjita nirbhara kuñjara kumbhakuce
jaya jaya he mahiṣāsura mardini ramya kapardini śailasute| 16|

O Mère ! Le vêtement que Tu portes autour de Ta taille mince surpasse la splendeur de la Lune. Les ongles de Tes orteils brillent de mille feux et leur éclat est rehaussé par les couronnes des dieux et des démons qui tous se prosternent devant Toi avec respect. Tes seins sont pareils aux sommets des Himalayas couverts de cascades.

Vijita sahasra karaika sahasra karaika sahasra karaika nute
kṛta suratāraka saṅgara tāraka saṅgara tāraka sūnu sute /
suratha samādhi samāna samādhi samādhi samādhi sujāta rate
jaya jaya he mahiṣāsura mardini ramya kapardini śailasute| 17|

O Mère ! L'éclat du soleil pâlit devant Toi et il se soumet à Toi en déposant à Tes pieds des milliers de ses rayons divins. La guerre terminée, le fils de Tarakasura Te couvre de louanges à profusion. Tu es ravie de Te manifester dans le mantra psalmodié avec dévotion par des dévots tels que Suratha et Samadhi en Saptasati.

Pada kamalaṃ karuṇā nilaye vari vasyati yo'nudinaṃ suśive
ayi kamale kamalā nilaye kamalā nilayaḥ sa kathaṃ na bhavet /

tava padameva paraṃ padamitya nuśīlayato mama kiṃ na śive
jaya jaya he mahiṣāsura mardini ramya kapardini śailasute |18|

O Mère ! Parvati ! En T'adorant, on obtient en outre la prospérité puisque Tu es aussi Maha Lakshmi Elle-même. Adorer Tes pieds sacrés et méditer sur eux mène à l'état ultime de la libération.

Kanakalasat kala sindhujalai ranuṣiñcati te guṇa raṅga bhuvaṃ
bhajati sa kiṃ na śacīkuca kumbha taṭī parirambha sukhānu bhavam /
tava caraṇaṃ śaraṇaṃ karavāṇi mṛḍāni sadāmayi dehi śivaṃ
jaya jaya he mahiṣāsura mardini ramya kapardini śailasute |19|

O Mère ! Un simple balayeur dans Ta cour obtient tous les plaisirs célestes. Daigne accepter mon humble service et m'accorder ce que Tu considères comme bon pour moi.

Tava vimalendu kulaṃ vadanendu malaṃ sakalaṃ nanu kūlayate
kimu puruhūta purīndu mukhī sumukhī bhirasau vimukhī kriyate /
mama tu mataṃ śiva nāmadhane bhavatī kṛpayā kimuta kriyate
jaya jaya he mahiṣāsura mardini ramya kapardini śailasute |20|

O Mère ! Aucune des beautés célestes ne peut tenter celui qui médite sur Ton beau visage. O Mère du cœur de Shiva, accorde-moi la plénitude.

Ayi mayi dīnadayālutayā kṛpayaiva tvayā bhavitavyam ume
ayi jagato jananī kṛpayāsi yathāsi tathā numitāsi rate /
yaducita matra bhavatyurarī kurutāduru tāpamapā kuru me
jaya jaya he mahiṣāsura mardini ramya kapardini śailasute|21|

O Mère ! Uma ! N'es-Tu pas réputée pour ta compassion ? Sois miséricordieuse envers moi, ma Mère ! Je T'en prie, délivre-moi de toutes mes souffrances !

Prières et Mantras

asatomā sadgamaya
tamasomā jyotirgamaya
mṛtyormā amṛtamgamaya
oṁ śāntiḥ śāntiḥ śāntiḥ

Mène-nous de l'illusion à la vérité, des ténèbres vers la lumière, et de la mort à l'immortalité.
Om paix, paix, paix.

lokaḥ samastaḥ sukhino
bhavantū
oṁ śāntiḥ śāntiḥ śāntiḥ

Puissent tous les êtres dans tous les mondes être heureux.
Om paix, paix, paix.

oṁ pūrnamadaḥ pūrnamidaṁ
pūrnāt pūrnamudacyate
pūrnasya pūrnamādāya
pūrnam evā vaśiśyate
oṁ śāntiḥ śāntiḥ śāntiḥ

—Iśavasya upaniṣad

Cela est le Tout, ceci est le tout ;
A partir du Tout,
le Tout se manifeste ;
Quand on ôte le Tout'du Tout,
le Tout demeure.
Om paix, paix, paix.

gururbrahmā gurur viṣṇuḥ
gururdevo maheśvaraḥ
guruḥ sākśat paraṁbrahma
tasmai śrīgurave namaḥ

Le Guru est Brahma, Vishnou et Shiva.
Le Guru est l'Absolu.
Je me prosterne devant le Guru !

Bhagavad Gita – chapitre 15

om śrī gurubhyo namaḥ hari om
adha pañca daśo dhyayaḥ purusottama yogaḥ
śrī bhagavān uvāca
Le Seigneur bien-aimé dit:

1 **ūrdhva mūlam adhaḥ śākham aśvatthaṁ prāhur avyayam**
chandāṁsi yasya parṇāni yas taṁ veda sa veda vit
Les sages nous parlent de l'arbre cosmique du samsara, dont les racines sont au-dessus, et les branches au-dessous. On l'appelle l'ashvattha et ses feuilles sont les hymnes des Védas. Comme les feuilles protègent l'arbre, les Védas protègent le monde.Qui connaît cet Asvattha cosmique connaît les Védas.

2 adhaś cordhvaṁ prasṛtās tasya
śākhā guṇa pravṛddhā viṣaya pravālāḥ
adhaś ca mūlāny anusantatāni
karmānubandhīni manuṣya loke

L'arbre du samsara étend ses branches immenses partout, du monde de Brahman au-dessus, au monde des hommes au-dessous, et se nourrit des qualités de la nature (les trois gunas). Les objets des sens en sont les bourgeons. Une partie de ses racines plonge aussi dans le monde des hommes, en relation avec le fruit de leurs actions.

3 na rūpam asyeha tathopalabhyate nānto na cādir na ca
sampratiṣṭhā aśvattham enaṁ su virūḍha mūlam
asaṅga śastreṇa dṛḍhena chittvā

4 tataḥ padaṁ tat parimārgitavyaṁ
yasmin gatā na nivartanti bhūyaḥ
tam eva cādyaṁ puruṣaṁ prapadye
yataḥ pravṛttiḥ prasṛtā purāṇī

3-4 Mais ici, (dans le monde des hommes), nous ne percevons pas sa nature, ni son commencement, ni sa fin, ni comment il se maintient. Le voile que jette cet ashvatta aux profondes racines doit être déchiré par la puissante épée du détachement. Après cela, il faut rechercher le suprême Purusha. Celui qui l'atteint ne revient plus dans ce monde de souffrance. En vérité, il atteint l'Être Suprême, le point d'origine de cette projection.

5 nirmāna mohā jita saṅga doṣā adhyātma nityā vinivṛtta kāmāḥ
dvandvair vimuktāḥ sukha duḥkha saṁjñair
gacchanty amūḍhāḥ padam avyayaṁ tat

Le sage s'est libéré de toutes les illusions et de l'ignorance. Il s'est délivré de toute conception erronée et de l'attachement aux objets des sens. Son mental est en permanence fixé sur son idéal spirituel, dépourvu de tout désir et totalement indifférent à la joie comme à la peine. Il atteint à coup sûr la béatitude suprême.

6 **na tad bhāsayate sūryo na śaśāṅko na pāvakaḥ**
yad gatvā na nivartante tad dhāma paramaṁ mama

Cela (la béatitude suprême) ne doit sa lumière ni au soleil, ni à la lune, ni au feu. Pour qui a atteint cet état, il n'est point de retour (dans le monde des sens). Sache que c'est Ma demeure.

7 **mamaivāṁśo jīva loke jīva bhūtaḥ sanātanaḥ**
manaḥ ṣaṣṭhānīndriyāṇi prakṛti sthāni karṣati.

Depuis des temps immémoriaux, Je me manifeste sous forme du jiva (l'âme individuelle, ndt). Le jiva apparaît dans le monde manifesté et attire à lui les cinq sens de la perception ainsi que le mental (organe de cognition).

8 **śarīraṁ yad avāpnoti yac cāpy utkrāmatīśvaraḥ**
gṛhītvaitāni saṁyāti vāyur gandhān ivāśayāt

Comme le vent emporte d'une fleur le parfum, quand le jiva quitte le corps, il emporte toutes les impressions inscrites en lui.

9 śrotraṁ cakṣuḥ sparśanaṁ ca rasanaṁ ghrāṇam eva ca
adhiṣṭhāya manaś cāyaṁ viṣayān upasevate

Il appréhende les objets des sens par les cinq sens (organes de la perception), l'ouïe, la vue, le toucher, le goût, l'odorat, le mental étant le sixième (sens de la cognition).

10 utkrāmantaṁ sthitaṁ vāpi bhuñjānaṁ vā guṇānvitam
vimūḍhā nānupaśyanti paśyanti jñāna cakṣuṣaḥ

Ceux dont la vision est erronée ne peuvent voir la nature réelle du jiva, ni quand il quitte le corps ni quand il l'habite. Ils ne reconnaissent pas non plus le jiva comme énergie sous-jacente à chaque phénomène dans le monde composé des trois gunas. Ceux qui connaissent la véritable nature du jiva sont ceux qui ont développé le discernement, la clarté et l'acuité de leur perception.

11 atanto yoginaś cainaṁ paśyanty ātmany avasthitam
yatanto'py akṛtātmāno nainaṁ paśyanty acetasaḥ

Les yogis qui méditent sur la Vérité savent que Cela (l'atman) habite dans leur propre cœur comme dans tout l'univers. Mais ceux dont l'esprit grossier n'a acquis ni discipline ni contrôle des sens n'accèdent jamais à cette connaissance, malgré les efforts qu'ils font pour en obtenir la vision.

12 yad āditya gataṁ tejo jaga bhāsayate 'khilam
yac candramasi yac cāgnau tat tejo viddhi māmakam

Cette lumière qui permet au soleil d'illuminer le monde, à la lune de briller et au feu de brûler, sache qu'elle est Moi.

13 gām āviśya ca bhūtāni dhārayāmy aham ojasā
puṣṇāmi cauṣadhīḥ sarvāḥsomo bhūtvā rasātmakaḥ

C'est grâce à la même énergie que j'ai pénétré la terre et en régis le fonctionnement, et que je donne aux herbes leurs vertus médicinales en pénètrant le soma, la source de leur essence.

14 ahaṁ vaiśvānaro bhūtvā prāṇināṁ deham āśritaḥ
prāṇāpāna samāyuktaḥ pacāmy annaṁ catur vidham

Et parce que Je suis Vaisvanara à l'intérieur de tous les êtres, c'est Moi qui leur permets d'assimiler les quatre types de nourriture qu'ils consomment.

15 sarvasya cāhaṁ hṛdi sanniviṣto mattaḥ smṛtir jñānam apohanāṁ
ca vedaiś ca sarvair aham eva vedyo
vedānta kṛd veda vid eva cāham

Je réside en tous les êtres, Je suis leur essence la plus profonde. De Moi procède leur mémoire comme leur faculté d'oubli. Je suis la Vérité cherchée dans toutes les Ecritures. Sache que Je suis aussi la source de toutes les Ecritures et Celui qui en connaît véritablement l'esprit.

16 dvāv imau puruṣau loke kṣaraś cākṣara eva ca
kṣaraḥ sarvāṇi bhūtāni kūtāstho'kṣara ucyate

Il y a en ce monde deux Purushas (personnes) dans un même corps, le permanent et l'impermanent.... L'impermanent est ce qui apparaît identifié aux corps, et qui a la même durée qu'eux. Le permanent est ce qui demeure après la dissolution des corps et qui, en réalité, est indépendant d'eux.

17 uttamaḥ puruṣas tv anyaḥ paramātmety udāhṛtaḥ
yo loka trayam āviśya bibharty avyaya īśvaraḥ

Mais, supérieur à l'impermanent et au permanent, il y a un autre Purusha appelé Purushottama. Infini et unique Maître de l'univers, il transcende tout l'univers et il est omniprésent.

18 yasmāt kṣaram atīto'ham akṣarād api cottamaḥ
ato'smi loke vede ca prathitaḥ puruṣottamaḥ

On l'appelle Purushottama, et c'est lui que célèbrent les Védas et le monde entier car il transcende tout, aussi bien le périssable que l'impérissable.

19 yo māṃ evam asammūḍho jānāti puruṣottamam
sa sarva vid bhajati māṁ sarva bhāvena bhārata

Je suis ce Purushottama. Celui qui s'est libéré de l'illusion de ma Maya et qui Me connaît comme tel a véritablement atteint la connaissance suprême, et c'est Moi, l'Impérissable transcendant tout, le Purushottama dans toute sa splendeur, qu'il adore dans chacun de ces actes, oh Bharata.

20 iti guhyatamaṁ śāstram idam uktaṁ mayānagha
etad buddhvā buddhimān syāt kṛta kṛtyaś ca bhārata

Ainsi t'ai-Je révélé la plus précieuse des Ecritures. Seul celui qui la connaît, (cette précieuse écriture) possède l'intelligence véritable et lui seul est libéré de tous les devoirs.

om tat sat
iti śrīmad bhagavad gīta su upaniśad su
brahma vidyayam yoga śastre
śrī kṛṣṇārjuna samvade puruṣottama yogo nāma
pañca daśo dhyayaḥ

om sarvadharmam parithyajya māmekam śaranam vraja
aham tva sarva papebhyo mokshayiśāmi māsuśaḥ
Abandonne tous les dharmas et prends refuge en Moi seul, Je te délivrerai de tout péché et de tout mal, ne t'afflige point.

252

Ārati

Hymne à Amma chantée pendant l'ārati (l'offrande de camphre enflammé) suivie des prières finales.

Om jaya jaya jagad jananī vande amṛtānandamayī
maṅgala ārati mātaḥ bhavāni amṛtānandamayī
mātā amṛtānandamayī /1

Gloire à la Mère de l'univers, hommage à Toi, Amritanandamayi. Mère Bhavani, voici pour Toi l'arati le plus propice.

jana mana nija śukhadāyini mātā amṛtānandamayī
maṅgala kāriṇi vande jananī amṛtānandamayī
mātā amṛtānandamayī /2

Nous adorons Celle qui donne le vrai bonheur aux gens, Celle qui ne donne que de bonnes choses.

Sakalāgama niga mādiṣu carite amṛtānandamayī
nikhilāmaya hara jananī vande amṛtānandamayī
mātā amṛtānandamayī /3

Tu es Celle que les Védas et les Shastras glorifient. Nous adorons Celle qui détruit le malheur.

prema rasāmṛta varṣini mātā amṛtānandamayī
prema bhakti sandāyini mātā amṛtānandamayī
mātā amṛtānandamayī /4

Toi qui répands le nectar de l'Amour, Tu donnes l'Amour inconditionnel.

śamadama dāyini manalaya kāriṇi amṛtānandamayī
satatam mama hṛdi vasatām devi amṛtānandamayī
mātā amṛtānandamayī /5

Toi qui donnes le contrôle intérieur et extérieur. Cause de la dissolution du mental, O Dévi, je Te prie de toujours demeurer dans mon cœur.

Patitoddhāra nirantara hṛdaye amṛtānandamayī
paramahamsa pada nilaye devī amṛtānandamayī
mātā amṛtānandamayī /6

Tu n'as dans Ton cœur qu'un seul but : relever ceux qui sont tombés. Tu es établie dans l'état de Paramahamsa (être réalisé, uni au Divin)

he jananī jani maraṇa nivāriṇi amṛtānandamayī
he śrita jana paripālini jayatām amṛtānandamayī
mātā amṛtānandamayī /7

O Mère, Toi qui nous sauves du cycle des naissances et des morts, Toi qui protèges tous ceux qui cherchent Ta protection.

sura jana pūjita jaya jagadambā amṛtānandamayī
sahaja samādhi sudanye devī amṛtānandamayī
mātā amṛtānandamayī /8

Tu es l'Un adoré par les dieux, Tu es réalisée et établie dans le sahaja samadhi[1]

om jaya jaya jagad jananī vande amṛtānandamayī
maṅgala ārati mātaḥ bhavāni amṛtānandamayī
mātā amṛtānandamayī /1

Gloire à la Mère de l'univers, hommage à Toi, Amritanandamayi. Mère Bhavani, voici pour Toi l'arati le plus propice.

Jai bolo sadguru mātā amṛtānandamayī devī kī

(Leader:) Dit: «Victoire au véritable maître Mata Amritanandamayi Dévi!»

Jai Victoire!

[1] Le Samadhi suprême et naturel où l'être qui a trouvé la Béatitude, tout en jouant son rôle dans le monde, demeure imperturbable sein de la plus grande agitation.

Yagna Mantra

brahmārpaṇaṁ brahma havir brahmāgnau brahmaṇā hutam
brahmaiva tena gantavyaṁ
brahma karma samādhinā
Oṁ śāntiḥ śāntiḥ śāntiḥ
Oṁ śrī gurubhyo namaḥ
harī Oṁ

Bhagavad-gītā, 4.24

Offrir est Brahman, l'offrande est Brahman
Par Brahman l'offrande est répandue dans le feu de Brahman
Ils atteindront véritablement Brahman ceux qui voient Brahman en toutes choses

Guide pour la prononciation

Voyelles :

a	comme	**a**	dans **a**rmoire
ā	comme	**a**	plus long
i	comme	**i**	dans **I**talie
ī	comme	**i**	plus long
u	comme	**ou**	dans ch**ou**x
ū	comme	**ouu**	plus long
e	comme	**er**	dans lev**er**
ai	comme	**ai**	dans p**ai**lle
o	comme	**eau**	dans **beau**

(**o** et **e** sont toujours longs en Sanskrit)

au	comme	**ao**	dans cac**ao**

ṛ comme **r’** dans **r’b**outeux

Consonnes :

k	comme	**k**	dans **k**ilogramme
kh	comme	**kh**	dans Ec**kh**art
g	comme	**g**	dans **g**arage
gh	comme	**gh**	dans di**g-h**ard
ṅ	comme	**n**	dans si**n**g
c	comme	**tch**	dans **ch**air
ch	comme	**tchh**	dans staun**ch-h**eart
j	comme	**dj**	dans **j**oy
jh	comme	**dge**	dans he**dge**hog
ñ	comme	**ny**	dans ca**ny**on

ṭ	comme	**t**	dans **t**ube	Le groupe de lettres avec des points en-dessous se prononce avec la pointe de la langue contre le palais.
ṭh	comme	**th**	dans ligh**th**ouse	
ḍ	comme	**d**	dans **d**ouleur	
ḍh	comme	**dh**	dans re**d-h**ot	
ṇ	comme	**n**	dans **n**avire	
t	comme	**t**	dans **t**ube	Ce groupe de lettres se prononce avec la pointe de la langue contre les dents.
th	comme	**th**	dans ligh**th**ouse	
d	comme	**d**	dans **d**ouleur	
dh	comme	**dh**	dans re**d-h**ot	
n	comme	**n**	dans **n**avire	
p	comme	**p**	dans **p**ain	
ph	comme	**ph**	dans u**p-h**ill	
b	comme	**b**	dans **b**ateau	

bh	comme	**bh**	dans ru**b-h**ard
m	comme	**m**	dans **m**ère
ṁ	un son nasal comme dans bo**n**		
ḥ	prononcer **aḥ** comme **aha**, **iḥ** comme **ihi, uḥ** comme **uhu**		
ṣ	comme	**ch**	dans **ch**ose
ś	comme	**s**	dans **s**prechen
s	comme	**s**	dans **s**i
h	comme	**h**	dans **h**ot
y	comme	**y**	dans **y**oga
r	un **r** roulé dans **R**oma, Mad**r**id		
l	comme	**l**	dans **l**ibre
v	comme	**w**	dans **w**agon

www.ingramcontent.com/pod-product-compliance
Lightning Source LLC
LaVergne TN
LVHW051543080426
835510LV00020B/2838
9781680377507